DR. OETKER
Blech Kuchen
süß und pikant

DR. OETKER

Blech Kuchen

süß und pikant

Vorwort

Ob süß,

pikant oder mit Belag: Köstliche Blechkuchen verführen Ihre Gäste wieder einmal aufs neue.

Lustige Kaffeerunden, große Feste und bunte Gartenpartys geben Anlaß, Ihre Gäste mit dem Gebäck vom Blech zu verwöhnen.

Deshalb finden Sie in diesem Buch die ganze Bandbreite der bebliebtesten Blechkuchen.

Inhaltsübersicht

Blechkuchen mit Obst
Seite 8 - 33

Blechkuchen gefüllt oder mit Belag
Seite 34 - 63

Blechkuchen würzig und pikant

Seite 64 – 87

Ratgeber

Seite 88 – 93

Blechkuchen mit

Obst

Aprikosen-Mandel-Schnitten

(Foto Seite 8/9)

Für den Pudding:
- 1 l Milch
- 100 g Marzipan-Rohmasse
- 2 Pck. Pudding-Pulver Mandel-Geschmack
- 40 g Zucker
- 75 g abgezogene, gehackte Mandeln

Für den Hefeteig:
- 300 g Weizenmehl
- 1 Pck. Trockenhefe
- 40 g Zucker
- 1 Pck. Vanillin-Zucker
- 1 Prise Salz
- 5–6 Tropfen Zitronen-Aroma
- 125–150 ml lauwarme Milch
- 75 g zerlassene, abgekühlte Butter

Für den Belag:
- 600 g reife Aprikosen
- 75 g abgezogene Mandeln
- 1 Pck. Tortenguß, klar
- 250 ml (1/4 l) Apfelsaft
- 1 gestr. EL Zucker
- 25 g gehackte Pistazien

Für den Pudding von der Milch 125 ml (1/8 l) abnehmen. Die restliche Milch mit der zerbröckelten Marzipan-Rohmasse zum Kochen bringen. Das Pudding-Pulver mit Zucker und der abgenommenen Milch anrühren und in die von der Kochstelle genommene Milch einrühren, kurz aufkochen lasssen. Die Mandeln unterrühren, den Pudding in eine Rührschüssel geben und mit Sichtfolie abgedeckt erkalten lassen.

Für den Teig das Mehl in eine Rührschüssel sieben und mit der Hefe sorgfältig vermischen. Die übrigen Zutaten hinzufügen und mit dem Handrührgerät mit Knethaken zunächst auf niedrigster, dann auf höchster Stufe in etwa 5 Minuten zu einem glatten Teig verarbeiten. Den Teig abgedeckt an einem warmen Ort so lange stehen lassen, bis er sich sichtbar vergrößert hat. Den Teig nochmals durchkneten, auf einem gefetteten Backblech ausrollen und mehrmals mit einer Gabel einstechen. Den Pudding kurz durchrühren und auf den Teig streichen.

Für den Belag die Aprikosen waschen, gut abtropfen lassen, trockenreiben, halbieren und entsteinen. Die Aprikosenhälften mit der Wölbung nach unten in Diagonalstreifen (Abstand jeweils 4 cm) darauf legen. In jede Aprikosenhälfte eine Mandel legen, backen.

Ober-/Unterhitze: 180–200 °C (vorgeheizt)
Heißluft: 160–180 °C (nicht vorgeheizt)
Gas: Stufe 3–4 (vorgeheizt)
Backzeit: etwa 30 Minuten.

Sofort nach dem Backen den Kuchen mit dem Tortenguß bestreichen. Dafür aus dem Tortengußpulver dem Saft und Zucker nach der Packungsanleitung einen Guß zubereiten. Das Gebäck mit den Pistazien garnieren.

Tip Anstelle von Pudding-Pulver Mandel-Geschmack kann auch Pudding-Pulver Vanille-Geschmack verwendet werden. Wenn keine reifen Aprikosen zu bekommen sind, können Aprikosenhälften aus der Dose (etwa 1,5 Dosen je 480 g Abtropfgewicht) verwendet werden.

Aprikosenkuchen

Für den Rührteig:
200 g weiche Butter
200 g Zucker
1 Pck. Bourbon Vanille-Zucker
1 Prise Salz
3 Eier
250 g Weizenmehl
2 TL Backpulver
125 g zarte Haferflocken
50 g gehackte Walnußkerne
evtl. 2 EL Milch
1–2 Dosen Aprikosen
(je etwa 480 g Abtropfgewicht)

Für den Guß:
200 g gesiebter Puderzucker
3 EL Zitronensaft

Für den Teig die Butter mit dem Handrührgerät mit Rührbesen geschmeidig rühren. Nach und nach den Zucker, Vanille-Zucker und Salz unterrühren, bis eine gebundene Masse entstanden ist. Die Eier nach und nach unterrühren (jedes Ei etwa $1/2$ Minute). Das Mehl mit dem Backpulver mischen, sieben und portionsweise auf mittlerer Stufe unterrühren. Die Haferflocken und die Walnußkerne abwechselnd mit der Milch unterrühren. $2/3$ des Teiges auf ein gefettetes Backblech streichen. Die Aprikosenhälften evtl. vierteln und auf den Teig legen. Den restlichen Teig in Häufchen auf den Aprikosen verteilen. Das Backblech in den Backofen schieben.

Ober-/Unterhitze: etwa 200 °C (vorgeheizt)
Heißluft: etwa 180 °C (nicht vorgeheizt)
Gas: Stufe 3–4 (vorgeheizt)
Backzeit: 30–35 Minuten.

Für den Guß den Puderzucker mit dem Zitronensaft zu einem dickflüssigen Guß verrühren. Den Guß auf den warmen Kuchen streichen.

Würziger Apfelkuchen

Für den Rührteig:
200 g weiche Butter, 200 g Zucker
1 Pck. Vanillin-Zucker
1 Prise Salz, 4 Eier
1 gestr. TL gemahlener Zimt
1/2 gestr. TL gemahlener Ingwer
1 Msp. Kardamom
250 g Weizenmehl
2 gestr. TL Backpulver

Für den Belag:
12–15 mittelgroße Äpfel
Preiselbeer-Konfitüre

Für den Guß:
500 ml (1/2 l) Apfelsaft oder halb Weißwein, halb Wasser
2 Pck. Tortenguß, klar
2 EL Zucker

Für den Teig die Butter mit dem Handrührgerät mit Rührbesen geschmeidig rühren. Nach und nach Zucker, Vanillin-Zucker und Salz unterrühren. Die Eier nach und nach unterrühren (jedes Ei etwa 1/2 Minute). Die Gewürze hinzufügen. Das Mehl mit Backpulver mischen, sieben, portionsweise unterrühren und den Teig auf ein gefettetes Backblech streichen.

Für den Belag die Äpfel schälen, das Kerngehäuse mit einem Apfelausstecher ausstechen und die Äpfel in etwa 1 cm dicke Scheiben schneiden. Die Apfelscheiben schuppenförmig auf den Teig legen. Die Löcher in den Apfelscheiben mit Konfitüre füllen, backen.

Ober-/Unterhitze: 180–200 °C (vorgeheizt)
Heißluft: 160–180 °C (nicht vorgeheizt)
Gas: Stufe 3–4 (vorgeheizt)
Backzeit: etwa 40 Minuten.

Das Backblech auf einen Kuchenrost stellen und erkalten lassen.

Für den Guß aus der Flüssigkeit mit Tortengußpulver und Zucker einen Guß nach Packungsanleitung zubereiten und gleichmäßig über den Kuchen geben.

Brombeer-Schnitten

Für den Streuselteig:
125 g weiche Butter, 100 g Zucker
1 Pck. Vanillin-Zucker, 1 kleines Ei
275 g Weizenmehl
2 gestr. TL Backpulver

Für den Belag:
750 g Brombeeren, 4 Eigelb
200 g Zucker, 1 Prise Salz
1 Pck. Bourbon Vanille-Zucker
½ Pck. geriebene Zitronenschale
100 g abgezogene, gemahlene, leicht gebräunte Mandeln
1 Becher (150 g) Crème fraîche
4 Eiweiß, Puderzucker

Für den Teig die Butter mit dem Handrührgerät mit Rührbesen auf höchster Stufe geschmeidig rühren. Nach und nach den Zucker und Vanillin-Zucker unterrühren. Das Ei etwa ½ Minute unterrühren. Das Mehl mit dem Backpulver mischen, sieben, die Hälfte portionsweise auf mittlerer Stufe unterrühren. Den Rest des Mehlgemisches auf den Teig geben und mit dem Handrührgerät mit Knethaken zu einer krümeligen Masse verarbeiten. Die Streusel auf ein gefettetes Backblech geben, leicht andrücken.

Für den Belag die Brombeeren waschen und gut abtropfen lassen, evtl. trockentupfen und auf dem Teig verteilen. Das Eigelb mit ⅔ des Zuckers, Salz, Vanille-Zucker und Zitronenschale schaumig rühren. Die Mandeln und die Crème fraîche hinzufügen, verrühren. Das Eiweiß steif schlagen, den restlichen Zucker unterschlagen und unter die Eigelbcreme heben. Den Guß auf die Brombeeren geben und glattstreichen. Das Backblech in den Backofen schieben.

Ober-/Unterhitze: 180–200 °C (vorgeheizt)
Heißluft: 160–180 °C (nicht vorgeheizt)
Gas: Stufe 3–4 (vorgeheizt)
Backzeit: etwa 30 Minuten.

Das Gebäck mit Puderzucker bestäuben.

Pflaumenkuchen

Für den Hefeteig:
375 g Weizenmehl
1 Pck. Trockenhefe, 50 g Zucker
1 Pck. Vanillin-Zucker
1 Prise Salz, 1 Ei
150–200 ml lauwarme Milch
50 g zerlassene, abgekühlte Butter oder Margarine

Für den Belag:
2,5 kg Pflaumen
Hagelzucker oder Zucker

Für den Teig das Mehl in eine Rührschüssel sieben und mit der Hefe sorgfältig vermischen. Die übrigen Zutaten hinzufügen und mit dem Handrührgerät mit Knethaken zunächst auf niedrigster, dann auf höchster Stufe in etwa 5 Minuten zu einem Teig verarbeiten. Den Teig zugedeckt so lange an einem warmen Ort stehen lassen, bis er sich sichtbar vergrößert hat.

Für den Belag die Pflaumen waschen, gut abtropfen lassen, mit einem Tuch abreiben, entsteinen und oben einschneiden. Den gegangenen Teig nochmals gut durchkneten und auf einem gefetteten Backblech ausrollen. Die Pflaumen schuppenförmig – mit der Innenseite nach oben – auf den Teig legen. Den Teig nochmals so lange an einem warmen Ort gehen lassen, bis er sich sichtbar vergrößert hat, erst dann das Backblech in den Backofen schieben.

Ober-/Unterhitze: 200–220 °C (vorgeheizt)
Heißluft: 180–200 °C (nicht vorgeheizt)
Gas: etwa Stufe 4 (vorgeheizt)
Backzeit: 20–30 Minuten.

Den etwas abgekühlten Kuchen mit Hagelzucker oder Zucker bestreuen.

Zwetschenkuchen, einmal anders

(Foto)

Für den Rührteig:
1 kg Zwetschen
8 Eier, 300 g Zucker
1 Pck. Bourbon Vanille-Zucker
350 g Weizenmehl
½ Pck. Backpulver
200 g zerlassene Butter
100 ml Schlagsahne

Für den Belag:
150 g Butter, 150 g Zucker
3 EL Honig, 1 TL gem. Zimt
50 g Weizenmehl
250–300 g gehobelte Haselnußkerne

Für den Teig die Zwetschen waschen, abtrocknen, halbieren und entsteinen. Die Eier mit dem Handrührgerät mit Rührbesen auf höchster Stufe mit dem Zucker und Vanille-Zucker (eßlöffelweise hinzufügen) in 1 ½– 2 Minuten schaumig schlagen. Das Mehl mit dem Backpulver mischen, sieben und portionsweise unterrühren. Die Butter vorsichtig unterrühren. Zuletzt die Sahne unterrühren. Den Teig in eine gefettete Fettfangschale geben, mit den Zwetschen belegen, backen.

Ober-/Unterhitze: etwa 200 °C (vorgeheizt)
Heißluft: etwa 180 °C (nicht vorgeheizt)
Gas: Stufe 3–4 (vorgeheizt)
Backzeit: 15–20 Minuten.

Für den Belag die Butter mit dem Zucker, Honig und Zimt erhitzen. Das Mehl und die Haselnußkerne unterrühren und kurz aufkochen lassen. Die Masse auf den vorgebackenen Kuchen streichen und fertig backen.

Backtemperatur: siehe oben.
Backzeit: etwa 15 Minuten.

Zwetschenkuchen mit Nußfüllung

Für den Hefeteig:
375 g Weizenmehl
1 Pck. Trockenhefe, 75 g Zucker
1 Pck. Vanillin-Zucker
1 Prise Salz, 1 Ei
1/2 Pck. geriebene Zitronenschale
150–200 ml lauwarme Milch
50 g zerlassene, abgekühlte Butter

Für den Belag:
1,5–2 kg Zwetschen
4 Eiweiß, 150 g Zucker
2 TL Zitronensaft
250 g gemahlene Haselnußkerne
75 g Biskuit- oder Semmelbrösel
75 g Hagelzucker oder Zimt-Zucker

Für den Teig das Mehl in eine Rührschüssel sieben und mit der Hefe sorgfältig vermischen. Die übrigen Zutaten hinzufügen und mit dem Handrührgerät mit Knethaken zunächst auf niedrigster, dann auf höchster Stufe in etwa 5 Minuten zu einem Teig verarbeiten. Den Teig zugedeckt so lange an einem warmen Ort stehen lassen, bis er sich sichtbar vergrößert hat. Den Teig nochmals gut durchkneten und auf einem gefetteten Backblech ausrollen.

Für den Belag die Zwetschen waschen, gut abtropfen lassen, trockentupfen, halbieren, entsteinen und oben einschneiden. Das Eiweiß steif schlagen und nach und nach den Zucker unterschlagen. Den Zitronensaft und die Nuß-Brösel-Mischung vorsichtig unterheben. Die Masse auf dem Teig verteilen und glattstreichen. Die Zwetschen schuppenförmig mit der Innenseite nach oben auf die Nußmasse legen. Das Backblech in den Backofen schieben.

Ober-/Unterhitze: etwa 200 °C (vorgeheizt)
Heißluft: etwa 180 °C (nicht vorgeheizt)
Gas: Stufe 3–4 (vorgeheizt)
Backzeit: 30–40 Minuten.
Den Kuchen mit Hagelzucker oder Zimt-Zucker bestreuen.

Kirschkuchen mit Rahmguß

Für den Quark-Öl-Teig:

400 g Weizenmehl
1 Pck. und 2 TL Backpulver
200 g Speisequark
100 ml Speiseöl
6 EL Milch
1 Ei
75–100 g Zucker
1 Pck. Vanillin-Zucker
1 Prise Salz

Für den Belag:

4 EL Semmelbrösel
1,5 kg Süß- oder Sauerkirschen
evtl. 100 g Zucker
4 Eier
250 ml (1/4 l) saure Sahne
150 g Zucker
60 g Speisestärke

Für den Teig das Mehl mit dem Backpulver mischen, in eine Rührschüssel sieben. Den Quark, Öl, Milch, Ei, Zucker, Vanillin-Zucker und Salz hinzufügen und mit dem Handrührgerät mit Knethaken auf höchster Stufe in etwa 1 Minute verarbeiten (nicht zu lange, der Teig klebt sonst). Anschließend den Teig auf der Arbeitsfläche zu einer Rolle formen. Den Teig auf einem gefetteten Backblech ausrollen.

Für den Belag die Teigplatte mit Semmelbröseln bestreuen. Die Kirschen waschen, entstielen und entsteinen (Sauerkirschen zuckern und 1/2 Stunde stehen lassen, dann gut abtropfen lassen). Die Kirschen auf dem Teig verteilen. Die Eier mit der sauren Sahne, dem Zucker und der Speisestärke gut verrühren. Den Guß über die Kirschen gießen. Das Backblech in den Backofen schieben.

Ober-/Unterhitze: etwa 200 °C (vorgeheizt)
Heißluft: etwa 180 °C (nicht vorgeheizt)
Gas: Stufe 3–4 (vorgeheizt)
Backzeit: etwa 30 Minuten.

Pfirsich-Sekt-Schnitten

Für den Knetteig:
150 g Weizenmehl
40 g Zucker
1 Pck. Vanillin-Zucker
1 Prise Salz
100 g weiche Butter oder Margarine

Für den Biskuitteig:
1 Ei
3 EL heißes Wasser
50 g Zucker
1 Pck. Vanillin-Zucker
1 Prise Salz
100 g Weizenmehl
1 gestr. TL Backpulver
50 g Aprikosen-Konfitüre
50 ml Sekt

Für den Belag:
1–1 ½ Dosen Pfisichhälften
(je etwa 460 g Abtropfgewicht)
1 Pck. Quark-Sahne Tortenhilfe
125 ml (⅛ l) Sekt
250 ml (¼ l) Pfirsichsaft
500 g Vollmilchjoghurt
200 ml Schlagsahne
einige Erdbeeren und Johannisbeeren
Minzeblättchen

Für den Knetteig das Mehl in eine Rührschüssel sieben. Zucker, Vanillin-Zucker, Salz und Butter oder Margarine hinzufügen und mit dem Handrührgerät mit Knethaken zunächst kurz auf niedrigster, dann auf höchster Stufe gut durcharbeiten. Anschließend auf der Arbeitsfläche zu einem glatten Teig verkneten und 1 Stunde kalt stellen.

Für den Biskuitteig das Ei mit dem Wasser mit dem Handrührgerät mit Rührbesen in 1 Minute schaumig schlagen. Den Zucker mit Vanillin-Zucker und Salz mischen, in 1 Minute einstreuen, dann noch etwa 2 Minuten schlagen. Das Mehl mit dem Backpulver mischen, die Hälfte davon auf die Eiercreme sieben, kurz auf niedrigster Stufe unterrühren. Den Rest des Mehlgemisches auf die gleiche Weise unterarbeiten. Den Teig auf ein mit Backpapier belegtes Backblech mit aufgestelltem Backrand (30 x 25 cm) streichen. Das Backblech in den Backofen schieben.

Ober-/Unterhitze: 180–200 °C (vorgeheizt)
Heißluft: –
Gas: Stufe 3–4 (vorgeheizt)
Backzeit: 12–15 Minuten.

Sofort nach dem Backen den Backrand entfernen und die Biskuitplatte auf einen mit Backpapier belegten Kuchenrost stürzen.
Den Knetteig kurz gut durchkneten und auf einem gefetteten Backblech zu einem Rechteck (30 x 25 cm) ausrollen, mehrmals mit einer Gabel einstechen und das Backblech in den Backofen schieben.

Ober-/Unterhitze: etwa 200 °C (vorgeheizt)
Heißluft: etwa 180 °C (nicht vorgeheizt)
Gas: Stufe 3–4 (vorgeheizt)
Backzeit: 10–12 Minuten.

Den Knetteig sofort nach dem Backen lösen und auf dem Backblech erkalten lassen. Die Knetteigplatte mit der Konfitüre bestreichen, mit der Biskuitteigplatte belegen und den Backrand darum stellen. Die Biskuitplatte mit dem Sekt mit Hilfe eines Pinsels tränken.

Für den Belag die Pfirsiche abtropfen lassen, den Saft auffangen, 250 ml (¹/₄ l) davon abmessen. Aus der Quark-Sahne Tortenhilfe mit Sekt, Saft, Joghurt (anstatt Quark) und Sahne nach der Packungsanleitung eine Creme zubereiten. Die Hälfte der Masse in den Backrand geben, glattstreichen. 300 g Pfirsiche in kleine Würfel schneiden und darauf verteilen. Die restliche Joghurtmasse darauf geben und glattstreichen. Das Gebäck etwa 3 Stunden kalt stellen. Den Backrand mit Hilfe eines nassen Messers lösen. Das Gebäck in Schnitten schneiden und mit etwa 3 Pfirsichspalten, Erdbeerhälften oder Johannisbeeren und Minzeblättchen garnieren.

Fruchtiges Gebirge

Für den Brandteig:
250 ml (¼ l) Wasser
50 g Butter oder Margarine
150 g Weizenmehl
30 g Speisestärke, 5–6 Eier
2 Msp. Backpulver

Für den Belag:
1 Glas Sauerkirschen
(370 g Abtropfgewicht), 1 Pck. Gelin
50 ml frischgepreßter Zitronensaft
2 EL Kirschwasser, 30 g Zucker
750 ml (¾ l) Schlagsahne
3 Pck. Sahnesteif
1 ½ Pck. Bourbon Vanille-Zucker
25 g Zucker, Kakaopulver

Für den Teig das Wasser mit der Butter oder Margarine am besten in einem Stieltopf zum Kochen bringen. Das Mehl mit der Speisestärke mischen, sieben auf einmal in die von der Kochstelle genommene Flüssigkeit schütten, zu einem glatten Kloß rühren und unter Rühren etwa 1 Minute erhitzen. Den heißen Kloß sofort in eine Rührschüssel geben und nach und nach die Eier mit dem Handrührgerät mit Knethaken auf höchster Stufe unterarbeiten. Die Eiermenge hängt von der Beschaffenheit des Teiges ab, er muß stark glänzen und so von einem Löffel abreißen, daß lange Spritze hängen bleiben. Das Backpulver in den erkalteten Teig arbeiten. Den Teig auf ein gefettetes, mit Mehl bestäubtes Backblech streichen, backen.

Ober-/Unterhitze: 200–220 °C (vorgeheizt)
Heißluft: 180–200 °C (nicht vorgeheizt)
Gas: Stufe 4–5 (vorgeheizt)
Backzeit: 20–30 Minuten.
Das Gebäck sofort nach dem Backen lösen und auf einem Kuchenrost erkalten lassen.

Für den Belag die Sauerkirschen abtropfen lassen und mit Sauerkirschsaft auf 500 g auffüllen. Das Gelin nach Anleitung unterrühren, Zitronensaft und Kirschwasser unterrühren und mit Zucker abschmecken. Die Masse etwa 30 Minuten kalt stellen. Die Sahne mit Sahnesteif, Vanille-Zucker und Zucker steif schlagen. Die Sahne in Häufchen auf dem Brandteigboden verteilen, etwas verstreichen. Die Sauerkirschmasse in die Zwischenräume geben. Die „Sahneberge" kurz vor dem Verzehr mit Kakao bestäuben.

Sauerkirschkuchen

Für den Belag:
1 kg Sauerkirschen
200 g abgezogene, halbierte Mandeln

Für den Teig:
250 g weiche Butter
250 g Puderzucker
6 Eier, 1 Prise Salz
2 TL abgeriebene Zitronenschale (unbehandelt)
300 g Weizenmehl
100 g Speisestärke
1 TL Backpulver, 4 EL saure Sahne

Für den Guß:
150 g gesiebter Puderzucker
3–4 EL Kirschwasser

Für den Belag die Sauerkirschen waschen, abtropfen lassen, entstielen und entsteinen.

Für den Teig die Butter mit dem Handrührgerät mit Rührbesen auf höchster Stufe geschmeidig rühren. Nach und nach den gesiebten Puderzucker unterrühren. Die Eier nach und nach unterrühren (jedes Ei etwa 1/2 Minute). Das Salz und die Zitronenschale hinzufügen. Das Mehl mit der Speisestärke und dem Backpulver mischen, sieben und portionsweise abwechselnd mit der sauren Sahne unterrühren. Den Teig auf ein gefettetes, mit Weizenmehl bestäubtes Backblech geben und glattstreichen. Die abgetropften Sauerkirschen darauf verteilen und mit den halbierten Mandeln bestreuen, backen.

Ober-/Unterhitze: etwa 200 °C (vorgeheizt)
Heißluft: etwa 180 °C (nicht vorgeheizt)
Gas: Stufe 3–4 (vorgeheizt)
Backzeit: 30–35 Minuten.
Den Kuchen etwa 15 Minuten abkühlen lassen.

Für den Guß den Puderzucker mit dem Kirschwasser zu einem dickflüssigen Guß verrühren und den Kuchen damit bestreichen.

Apfel-Beeren-Kuchen

Für den Rührteig:
125 g weiche Butter oder Margarine
100 g Zucker
1/2 Pck. Bourbon Vanille-Zucker
1 Prise Salz
3 Eier
125 g Weizenmehl
2 gestr. TL Backpulver
75 g abgezogene, gehobelte Mandeln

Für den Belag:
700 g Äpfel (z.B. Elstar)
je 150 g rote Johannisbeeren und Brombeeren

Für den Guß:
200 g Marzipan-Rohmasse
2 Becher (je 150 g) Crème fraîche
1/2 Pck. Bourbon Vanille-Zucker
2 Eier
2 TL Speisestärke
25 g abgezogene, gehobelte Mandeln
Puderzucker

Für den Teig die Butter oder Margarine mit dem Handrührgerät mit Rührbesen auf höchster Stufe geschmeidig rühren. Zucker, Vanille-Zucker und Salz nach und nach unterrühren, bis eine gebundene Masse entstanden ist. Die Eier nach und nach unterrühren (jedes Ei etwa 1/2 Minute). Das Mehl mit Backpulver mischen, sieben und portionsweise unterrühren. Die Mandeln etwas zerdrücken und unterrühren. Den Teig auf ein gefettetes Backblech streichen.

Für den Belag die Äpfel waschen, schälen, vierteln, entkernen, in Spalten schneiden und auf dem Teig verteilen. Das Backblech in den Backofen schieben.

Ober-/Unterhitze: 170–190 °C (vorgeheizt)
Heißluft: etwa 160 °C (nicht vorgeheizt)
Gas: Stufe 2–3 (vorgeheizt)
Backzeit: etwa 20 Minuten.

Die Johannisbeeren waschen, verlesen und abtropfen lassen. Die Johannisbeeren von den Rispen streifen und mit den Brombeeren auf dem Kuchen verteilen.

Für den Guß die Marzipan-Rohmasse zerkleinern, nach und nach die Crème fraîche mit dem Handrührgerät mit Rührbesen unterrühren und in etwa 2 Minuten glattrühren. Vanille-Zucker, Eier und Speisestärke unterrühren. Den Guß über dem Obst verteilen und mit den Mandeln bestreuen. Das Backblech in den Backofen schieben.

Backtemperatur: siehe oben.
Backzeit: 20–30 Minuten.

Den erkalteten Kuchen nach Belieben mit Puderzucker bestäuben.

Pflaumenkuchen mit Streuseln

Für den Hefeteig:
375 g Weizenmehl
1 Pck. Trockenhefe, 50 g Zucker
1 Pck. Vanillin-Zucker, 1 Prise Salz
200 ml lauwarme Milch
75 g zerlassene, abgekühlte Butter

Für den Belag:
2,5 kg Pflaumen oder Zwetschen
300 g Weizenmehl
125–150 g Zucker
1 Pck. Vanillin-Zucker
½ TL gemahlener Zimt
200 g weiche Butter

Für den Teig das Mehl in eine Rührschüssel sieben und mit der Hefe sorgfältig vermischen. Die übrigen Zutaten hinzufügen und mit dem Handrührgerät mit Knethaken zunächst auf niedrigster, dann auf höchster Stufe in etwa 5 Minuten zu einem Teig verarbeiten. Den Teig abgedeckt an einem warmen Ort so lange stehen lassen, bis er sich sichtbar vergrößert hat.

Für den Belag die Pflaumen oder Zwetschen waschen, gut abtropfen lassen, trockentupfen, halbieren, entsteinen und oben einschneiden. Den gegangenen Teig nochmals gut durchkneten, in der Größe der Fettfangschale ausrollen und in die gefettete Fettfangschale legen. Den Teig mit den Pflaumen – Innenseite nach oben – schuppenförmig belegen. Das Mehl in eine Rührschüssel sieben. Den Zucker, Vanillin-Zucker, Zimt und Butter in Flöckchen hinzufügen. Die Zutaten mit dem Handrührgerät mit Knethaken zu Streuseln von gewünschter Größe verarbeiten und gleichmäßig über die Pflaumen streuen. Den Teig nochmals an einem warmen Ort stehen lassen, bis er sich sichtbar vergrößert hat, erst dann in den Backofen schieben.

Ober-/Unterhitze: 200–220 °C (vorgeheizt)
Heißluft: 180–200 °C (nicht vorgeheizt)
Gas: etwa Stufe 4 (vorgeheizt)
Backzeit: etwa 30 Minuten.

Bunte Obst-Variationen

Für den Rührteig:
150 g weiche Butter oder Margarine
100 g Zucker
1 Pck. Vanillin-Zucker
1 Prise Salz
2 Eier
200 g Weizenmehl
1 gestr. TL Backpulver

Für den Belag:
500 ml (1/2 l) Milch
1 Pck. Pudding-Pulver
Vanille-Geschmack
40 g Zucker
2 kg vorbereitete Früchte
(z.B. Beerenfrüchte: rote und schwarze Johannisbeeren, Brombeeren, Himbeeren, Erdbeeren und Heidelbeeren oder Aprikosen, Nektarinen, rote Pflaumen und Melonenkugeln oder Kiwis, Erdbeeren, rote und grüne Stachelbeeren und kernlose Weintrauben)

Für den Guß:
2 Pck. Tortenguß, klar
500 ml (1/2 l) Apfelsaft oder Weißwein und Wasser
3–4 gestr. EL Zucker

Für den Teig die Butter oder Margarine mit dem Handrührgerät mit Rührbesen auf höchster Stufe geschmeidig rühren. Den Zucker, Vanillin-Zucker und Salz nach und nach unterrühren, bis eine gebundene Masse entstanden ist. Die Eier nach und nach unterrühren (jedes Ei etwa 1/2 Minute). Das Mehl mit dem Backpulver mischen, sieben und portionsweise auf mittlerer Stufe unterrühren. Den Teig auf ein gefettetes Backblech streichen. Vor den Teig einen mehrfach gefalteten Streifen Alufolie legen. Das Backblech in den Backofen schieben.

Ober-/Unterhitze: 180–200 °C (vorgeheizt)
Heißluft: 160–180 °C (nicht vorgeheizt)
Gas: Stufe 3–4 (vorgeheizt)
Backzeit: 12–15 Minuten.

Sofort nach dem Backen das Gebäck vom Boden und vom Rand des Bleches lösen, erkalten lassen.

Für den Belag aus Milch, Pudding-Pulver und Zucker nach der Packungsanleitung einen Pudding zubereiten, erkalten lassen, dabei ab und zu umrühren. Den kalten Pudding auf die Gebäckplatte streichen. Die vorbereiteten Früchte (große Früchte halbieren oder in Spalten schneiden) auf dem Pudding verteilen.

Für den Guß aus dem Tortengußpulver, Apfelsaft (oder Weißwein und Wasser) und Zucker nach der Packungsanleitung einen Guß zubereiten und über die Früchte geben.

Beigabe: Mit Bourbon Vanille-Zucker gesüßte Schlagsahne.

Thüringer Rupfkuchen

Für den Hefeteig:
375 g Weizenmehl
1 Pck. Trockenhefe, 50 g Zucker
1 Pck. Vanillin-Zucker, 1 Prise Salz
200 ml lauwarme Milch
75 g zerlassene, abgekühlte Butter

Für den 1. Belag:
1 Pck. Pudding-Pulver
Vanille-Geschmack
500 ml ($1/2$ l) Milch
40 g Zucker, 125 g Rosinen
100 g abgezogene, gehackte Mandeln
2 Gläser Sauerkirschen
(je 360 g Abtropfgewicht)

Für den 2. Belag:
125 g weiche Butter, 150–200 g Zucker
1 Pck. Vanillin-Zucker, 1 Ei
250 g Kokosraspel
100 g Weizenmehl
3 Becher (je 150 g) saure Sahne
50 g Zartbitter-Schokolade
etwas Kokosfett

Für den Teig das Mehl in eine Rührschüssel sieben. Die Hefe sorgfältig unterrühren. Die restlichen Zutaten hinzufügen und mit dem Handrührgerät mit Knethaken zunächst auf niedrigster, dann auf höchster Stufe in etwa 5 Minuten zu einem Teig verarbeiten. Den Teig zugedeckt an einem warmen Ort so lange stehen lassen, bis er sich sichtbar vergrößert hat.

Für den 1. Belag aus dem Pudding-Pulver, Milch und Zucker nach der Packungsanleitung einen Pudding zubereiten. Die Rosinen und Mandeln unterrühren, abkühlen lassen. Die Sauerkirschen abtropfen lassen. Den gegangenen Teig auf der Arbeitsfläche nochmals gut durchkneten, ausrollen und in eine gefettete Fettfangschale legen. Die Puddingmasse darauf streichen und mit den Sauerkirschen belegen.

Für den 2. Belag die Butter geschmeidig rühren. Nach und nach den Zucker, Vanillin-Zucker, Ei, Kokosraspeln, das gesiebte Mehl und die saure Sahne unterrühren. Die Masse auf dem Obst verteilen, backen.

Ober-/Unterhitze: 180–200 °C (vorgeheizt)
Heißluft: 160–180 °C (nicht vorgeheizt)
Gas: Stufe 3–4 (vorgeheizt)
Backzeit: etwa 40 Minuten.

Die Schokolade mit dem Kokosfett im heißen Wasserbad auflösen und in einen Gefrierbeutel geben. Eine Spitze abschneiden und den erkalteten Kuchen damit verzieren.

Fruchtiger Mohnkuchen

Für den Hefeteig:
250 g Weizenmehl
1 Pck. Trockenhefe
1 Becher (150 g) Crème fraîche, leicht erwärmt
50 g Zucker, 1 Prise Salz
½ Pck. geriebene Zitronenschale, 1 Ei

Für den Belag:
350 ml Milch
250 g gemahlener Mohn
75 g Zucker, 1 Ei
½ Pck. geriebene Zitronenschale
100 g abgezogene, gehackte Mandeln
2 Dosen Aprikosen
(je 480 g Abtropfgewicht)
1 Pck. Pudding-Pulver
Vanille-Geschmack, Puderzucker

Für den Teig das Mehl in eine Rührschüssel sieben und mit der Hefe vermischen. Die übrigen Zutaten hinzufügen. Die Zutaten mit dem Handrührgerät mit Knethaken zunächst kurz auf niedrigster, dann auf höchster Stufe in etwa 5 Minuten zu einem glatten Teig verarbeiten. Den Teig abgedeckt an einem warmen Ort stehen lassen, bis er sich sichtbar vergrößert hat.

Für den Belag die Milch zum Kochen bringen, den Mohn damit übergießen und etwa 30 Minuten quellen lassen. Zucker, Ei, Zitronenschale und Mandeln unterrühren. Die Aprikosen auf ein Sieb zum Abtropfen geben, die Hälfte pürieren und den Rest in Würfel schneiden. Das Aprikosenpüree mit dem Pudding-Pulver unter die Mohnmasse rühren. Den Hefeteig durchkneten und auf einem gefetteten Backblech ausrollen. Vor den Teig einen Streifen Alufolie legen, die Aprikosen-Mohn-Masse auf den Teig streichen und die Aprikosenwürfel darauf verteilen. Den Kuchen nochmals etwa 10 Minuten gehen lassen, dann das Backblech in den Backofen schieben.

Ober-/Unterhitze: etwa 200 °C (vorgeheizt)
Heißluft: etwa 180 °C (nicht vorgeheizt)
Gas: Stufe 3–4 (vorgeheizt)
Backzeit: etwa 30 Minuten.

Den Kuchen mit Puderzucker bestäuben.

Fruchtiger Mohn-Quark-Kuchen

Für den Hefeteig:
250 g Weizenmehl
1 Pck. Trockenhefe
40 g Zucker, 1 Pck. Vanillin-Zucker
5 Tropfen Zitronen-Aroma
50 g zerlassene, abgekühlte Butter
125 ml (1/8 l) lauwarme Milch

Für den Belag:
300 ml Milch, 40 g Zucker
1 Pck. Vanillin-Zucker, 1 Prise Salz
50 g Grieß, 500 g Magerquark
50 g Butter, 2 Eier
2 Pck. Mohn-Back
375 g feingeschnittene Äpfel
75 g Rosinen

Für die Streusel:
200 g Weizenmehl
75–100 g Zucker
1 Pck. Vanillin-Zucker
125 g weiche Butter, Puderzucker

Für den Teig das Mehl in eine Rührschüssel sieben und mit der Hefe sorgfältig vermischen. Die übrigen Zutaten hinzufügen und mit dem Handrührgerät mit Knethaken zunächst auf niedrigster, dann auf höchster Stufe in etwa 5 Minuten zu einem Teig verarbeiten. Den Teig zugedeckt so lange an einem warmen Ort stehen lassen, bis er sich sichtbar vergrößert hat.

Für den Belag die Milch mit Zucker, Vanillin-Zucker und Salz aufkochen lassen. Den Grieß einrühren, kurz aufkochen lassen und von der Kochstelle nehmen. Den Quark, Butter und Eier unterrühren. Unter die Hälfte der Quark-Grieß-Masse das Mohn-Back, die Apfelstücke und Rosinen rühren. Den Hefeteig durchkneten und auf einem gefetteten Backblech ausrollen. Zunächst mit der Mohn-Masse bestreichen und dann die restliche Quark-Masse gleichmäßig darauf streichen.

Für die Streusel das Mehl in eine Rührschüssel sieben. Den Zucker, Vanillin-Zucker und die Butter hinzufügen und mit dem Handrührgerät mit Knethaken zu Streuseln von gewünschter Größe verarbeiten. Die Streusel gleichmäßig auf der Quark-Masse verteilen. Den Teig noch einmal so lange stehen lassen, bis er sich sichtbar vergrößert hat, erst dann backen.

Ober-/Unterhitze: 180–200 °C (vorgeheizt)
Heißluft: 160–180 °C (nicht vorgeheizt)
Gas: Stufe 3–4 (vorgeheizt)
Backzeit: etwa 35 Minuten.
Den Kuchen mit Puderzucker bestäuben.

Apfelkuchen mit Streuseln

Für den Hefeteig:
400 g Weizenmehl
1 Pck. Trockenhefe, 50 g Zucker
1 Pck. Vanillin-Zucker
1 Prise Salz, 1 kleines Ei
50 g zerlassene, abgekühlte Butter
2 EL Speiseöl
200 ml lauwarme Milch

Für den Belag:
1,5–2 kg Äpfel (z.B. Boskoop)
300 g Weizenmehl, 150 g Zucker
1 Pck. Vanillin-Zucker
1 Msp. gemahlener Zimt
200 g weiche Butter

Für den Teig das Mehl in eine Rührschüssel sieben und mit der Hefe sorgfältig vermischen. Die übrigen Zutaten hinzufügen und mit dem Handrührgerät mit Knethaken zunächst auf niedrigster, dann auf höchster Stufe in etwa 5 Minuten zu einem Teig verarbeiten. Den Teig an einem warmen Ort so lange stehen lassen, bis er sich sichtbar vergrößert hat. Den Teig nochmals gut durchkneten und auf einem gefetteten Backblech ausrollen. Vor den Teig einen mehrfach geknickten Streifen Alufolie legen.

Für den Belag die Äpfel schälen, vierteln, vom Kerngehäuse befreien, in dicke Spalten schneiden und schuppenförmig auf den Teig legen. Das Mehl in eine Rührschüssel sieben. Zucker, Vanillin-Zucker, Zimt und Butter in Flöckchen dazugeben und mit dem Handrührgerät mit Knethaken zu Streuseln von gewünschter Größe verarbeiten. Die Streusel gleichmäßig auf den Äpfeln verteilen. Den belegten Teig nochmals an einem warmen Ort stehen lassen, bis er sich vergrößert hat, dann in den Backofen schieben.

Ober-/Unterhitze: etwa 200 °C (vorgeheizt)
Heißluft: etwa 180 °C (nicht vorgeheizt)
Gas: etwa Stufe 4 (vorgeheizt)
Backzeit: etwa 30 Minuten.

Zwetschen-Kuchen

Für den Knetteig:
250 g Weizenmehl
1 gestr. TL Backpulver
65 g Zucker
1 Pck. Vanillin-Zucker, 1 Ei
125 g weiche Butter

Für den Belag:
2 kg Zwetschen
2 EL Semmelbrösel
30 g Zucker
1 Msp. gemahlener Zimt
50 g Butter
25 g abgezogene, gehobelte Mandeln

Für den Teig das Mehl mit dem Backpulver mischen und in eine Rührschüssel sieben. Die übrigen Zutaten hinzufügen und mit dem Handrührgerät mit Knethaken zunächst kurz auf niedrigster, dann auf höchster Stufe gut durcharbeiten. Anschließend auf der Arbeitsfläche zu einem glatten Teig verkneten, sollte er kleben, ihn eine Zeitlang kalt stellen.

Für den Belag die Zwetschen waschen, gut abtropfen lassen, einzeln mit einem Tuch abreiben, entsteinen und oben etwas einschneiden. Den Teig auf einem gefetteten Backblech ausrollen und mit den Semmelbröseln bestreuen. Die Zwetschen mit der Innenseite nach oben schuppenförmig auf den Teig legen. Den Zucker mit dem Zimt mischen und darüber streuen. Die Butter in Flöckchen darauf setzen und mit den Mandeln bestreuen. Das Backblech in den Backofen schieben.

Ober-/Unterhitze: 200–220 °C (vorgeheizt)
Heißluft: 180–200 °C (nicht vorgeheizt)
Gas: etwa Stufe 4 (vorgeheizt)
Backzeit: etwa 30 Minuten.

Donau-Wellen

(Foto)

Für den Rührteig:
250 g weiche Butter oder Margarine
200 g Zucker
1 Pck. Vanillin-Zucker
1 Prise Salz
5 Eier
375 g Weizenmehl
3 gestr. TL Backpulver
20 g Kakaopulver
1 EL Milch
2 Gläser Sauerkirschen
(je 360 g Abtropfgewicht)

Für die Buttercreme:
1 Pck. Pudding-Pulver Vanille-Geschmack
75–100 g Zucker
500 ml ($1/2$ l) Milch
250 g weiche Butter

Für den Guß:
200 g Zartbitter-Schokolade
etwas Kokosfett

Für den Teig die Butter oder Margarine mit dem Handrührgerät mit Rührbesen geschmeidig rühren. Nach und nach Zucker, Vanillin-Zucker und Salz unterrühren, bis eine gebundene Masse entstanden ist. Die Eier nach und nach unterrühren (jedes Ei etwa $1/2$ Minute). Das Mehl mit Backpulver mischen, sieben, portionsweise auf mittlerer Stufe unterrühren. Knapp $2/3$ des Teiges auf ein gefettetes Backblech streichen. Den Kakao sieben und mit der Milch unter den restlichen Teig rühren. Den dunklen Teig gleichmäßig auf dem hellen Teig verteilen. Vor den Teig einen mehrfach geknickten Streifen Alufolie legen. Die Sauerkirschen gut abtropfen lassen und auf dem Teig verteilen. Das Backblech in den Backofen schieben.

Ober-/Unterhitze: 180–200 °C (vorgeheizt)
Heißluft: 160–180 °C (nicht vorgeheizt)
Gas: Stufe 3–4 (vorgeheizt)
Backzeit: 35–40 Minuten.

Das Backblech auf einen Kuchenrost stellen, erkalten lassen.

Für die Buttercreme aus dem Pudding-Pulver mit Zucker und Milch nach der Packungsanleitung einen Pudding zubereiten, kalt stellen, ab und zu durchrühren. Die Butter geschmeidig rühren und den Pudding eßlöffelweise darunter rühren (darauf achten, daß weder Pudding noch Butter zu kalt sind, da sonst die sogenannte Gerinnung eintritt). Die erkaltete Gebäckplatte gleichmäßig mit der Buttercreme bestreichen, kalt stellen.

Für den Guß die Schokolade mit dem Kokosfett im heißen Wasserbad auflösen. Den Guß auf die festgewordene Buttercreme streichen und mit einem Tortenkamm verzieren.

Stachelbeerkuchen mit Baiser

Für den Knetteig:
- 175 g Weizenmehl
- 1 Msp. Backpulver
- 80 g zarte Haferflocken
- 80 g Zucker
- 1 Prise Salz
- 4 Tropfen Zitronen-Aroma
- 1 Eigelb
- 150 g weiche Butter

Für den Belag:
- 2 Gläser Stachelbeeren (je 430 g Abtropfgewicht)
- 20 g Speisestärke
- 2 Eigelb
- 25 g Zucker
- 1 Pck. Bourbon Vanille-Zucker
- 3 Eiweiß
- 150 g Zucker

Für den Teig das Mehl mit dem Backpulver mischen, in eine Rührschüssel sieben. Die Haferflocken, Zucker, Salz, Aroma, Eigelb und Butter hinzufügen. Die Zutaten mit dem Handrührgerät mit Knethaken zunächst kurz auf niedrigster, dann auf höchster Stufe gut durcharbeiten. Anschließend auf der Arbeitsfläche zu einem glatten Teig verkneten und etwa 30 Minuten kalt stellen. Die Hälfte des Backblechs mit Backpapier auslegen und den Teig darauf ausrollen. Vor den Teig einen mehrfach geknickten Streifen Alufolie legen. Das Backblech in den Backofen schieben.

Ober-/Unterhitze: 200–220 °C (vorgeheizt)
Heißluft: 180–200 °C (nicht vorgeheizt)
Gas: etwa Stufe 4 (vorgeheizt)
Backzeit: 20–30 Minuten.

Für den Belag die Stachelbeeren abtropfen lassen, den Saft auffangen und 250 ml (1/4 l) davon abmessen. Die Speisestärke mit dem Stachelbeersaft anrühren, mit dem Eigelb, Zucker und Vanille-Zucker in einen Kochtopf geben und unter ständigem Schlagen kurz aufkochen lassen. Die Creme abkühlen lassen und auf den Knetteigboden streichen. Die Stachelbeeren darauf verteilen, leicht andrücken. Das Eiweiß steif schlagen, den Zucker nach und nach unterschlagen und die Masse in einen Spritzbeutel mit gezackter Tülle geben. Die Baisermasse als Gitter auf den Stachelbeerkuchen spritzen. Das Blech in den Backofen schieben.

Ober-/Unterhitze: etwa 220 °C (vorgeheizt)
Heißluft: etwa 200 °C (nicht vorgeheizt)
Gas: etwa Stufe 4 (vorgeheizt)
Backzeit: etwa 5 Minuten.

Aprikosen-Streusel-Kuchen

(Titelfoto – Kirsch-Streusel-Kuchen)

Für den Rührteig:

175 g weiche Butter
175 g Zucker
1 Pck. Vanillin-Zucker
1 Prise Salz, 4 Eier
375 g Weizenmehl
2 gestr. TL Backpulver

Für den Belag:

2 Dosen Aprikosen
(je etwa 480 g Abtropfgewicht)
oder 1 kg entsteinte Sauerkirschen
350 g Weizenmehl
150 g Zucker
1 Pck. Vanillin-Zucker
$1/2$ TL gemahlener Zimt
200 g zerlassene, abgekühlte Butter

Für den Teig die Butter mit dem Handrührgerät mit Rührbesen auf höchster Stufe geschmeidig rühren. Nach und nach den Zucker, Vanillin-Zucker und Salz unterrühren, bis eine gebundene Masse entstanden ist. Die Eier nach und nach unterrühren (jedes Ei etwa $1/2$ Minute). Das Mehl mit dem Backpulver mischen, sieben und portionsweise auf mittlerer Stufe unterrühren. Den Teig auf ein gefettetes Backblech streichen. Vor den Teig einen mehrfach geknickten Streifen Alufolie legen.

Für den Belag die Aprikosen abtropfen lassen. Die Aprikosen (mit der Wölbung nach oben) oder die Sauerkirschen auf den Teig legen. Das Mehl in eine Rührschüssel sieben. Den Zucker, Vanillin-Zucker, Zimt und Butter hinzufügen. Die Zutaten mit dem Handrührgerät mit Knethaken zu Streuseln von gewünschter Größe verarbeiten und auf dem Obst verteilen. Das Backblech in den Backofen schieben.

Ober-/Unterhitze: 180–200 °C (vorgeheizt)
Heißluft: 160–180 °C (nicht vorgeheizt)
Gas: Stufe 3–4 (vorgeheizt)
Backzeit: etwa 35 Minuten.

Blechkuchen gefü

lt oder mit Belag

Bienenstich

(Foto Seite 34/35)

Für den Hefeteig:
- 375 g Weizenmehl
- 1 Pck. Trockenhefe
- 50 g Zucker
- 1 Pck. Vanillin-Zucker
- 1 Prise Salz
- 1 Ei
- 150–200 ml lauwarme Milch
- 50 g zerlassene, abgekühlte Butter oder Margarine

Für den Belag:
- 150 g Butter
- 75 g Zucker
- 1 Pck. Vanillin-Zucker
- 1 EL Honig
- 3 EL Schlagsahne
- 150 g abgezogene, gehobelte Mandeln

Für die Füllung:
- 2 Pck. Pudding-Pulver Vanille-Geschmack
- 750 ml (3/4 l) Milch
- 75–100 g Zucker
- 100 g weiche Butter

Für den Teig das Mehl in eine Rührschüssel sieben und mit der Hefe sorgfältig vermischen. Die übrigen Zutaten hinzufügen und mit dem Handrührgerät mit Knethaken zunächst auf niedrigster, dann auf höchster Stufe in etwa 5 Minuten zu einem glatten Teig verarbeiten. Den Teig abgedeckt an einem warmen Ort so lange stehen lassen, bis er sich sichtbar vergrößert hat.

Für den Belag die Butter mit Zucker, Vanillin-Zucker, Honig und Schlagsahne unter Rühren langsam erhitzen, kurz aufkochen lassen. Die Mandeln unterrühren, die Masse abkühlen lassen, dabei ab und zu umrühren. Den gegangenen Teig nochmals kurz durchkneten, rechteckig ausrollen und in eine gefettete Fettfangschale legen. Den Belag gleichmäßig auf dem Teig verteilen und den Teig nochmals so lange gehen lassen, bis er sich sichtbar vergrößert hat. Das Blech erst dann in den Backofen schieben.

Ober-/Unterhitze: 200–220 °C (vorgeheizt)
Heißluft: 180–200 °C (nicht vorgeheizt)
Gas: Stufe 3–4 (vorgeheizt)
Backzeit: 12–15 Minuten.

Das Backblech auf einen Kuchenrost stellen und erkalten lassen.

Für die Füllung aus dem Pudding-Pulver mit Milch und Zucker nach Packungsanleitung einen Pudding zubereiten, die Butter sofort unterrühren, den Pudding kalt stellen und ab und zu durchrühren. Die Gebäckplatte vierteln, jedes Viertel waagerecht durchschneiden und mit der Creme füllen.

Tip *Die Füllung kann anstatt mit Butter auch mit Schlagsahne zubereitet werden. Dazu 250 ml (1/4 l) Schlagsahne steif schlagen und unter der erkalteten Pudding heben. Die Füllung kann zusätzlich geschmacklich verändert werden, indem 1 Glas Sauerkirschen (370 g Abtropfgewicht) gut abgetropft unter die Füllung gehoben wird.*

Holländischer Spekulatius

Für den Knetteig:
250 g Weizenmehl
2 gestr. TL Backpulver
175 g Zucker, 1 Pck. Vanillin-Zucker
1 Beutel Zitronen-Aroma
1 TL gemahlener Zimt
je 1 Msp. Kardamom, Ingwer, Muskatnuß, Sternanis (alles gemahlen)
1 Ei, 1 Eigelb
250 g abgezogene, gemahlene Mandeln
250 g weiche Butter

Für die Füllung:
300 g Marzipan-Rohmasse
150 g gesiebter Puderzucker
1 Eiweiß

Für den Belag:
1 Eigelb, 1–2 EL Milch
100 g abgezogene, halbierte Mandeln

Für den Teig das Mehl mit dem Backpulver mischen und in eine Rührschüssel sieben. Die übrigen Zutaten hinzufügen und mit dem Handrührgerät mit Knethaken gut durcharbeiten. Anschließend auf der Arbeitsfläche zu einem glatten Teig verkneten und einige Stunden kalt stellen.

Für die Füllung die Marzipan-Rohmasse mit dem Puderzucker und Eiweiß zu einer glatten Masse verkneten. Die Hälfte des Teiges auf einem gefetteten Backblech (20 x 38 cm) ausrollen. Die Marzipanmasse ebenfalls in der Größe ausrollen und auf den Knetteig legen. Die andere Teighälfte ebenfalls in der Größe ausrollen und auf die Marzipanmasse legen. Den Teig an den Rändern gut andrücken. Das Eigelb mit der Milch verschlagen, die Teigplatte damit bestreichen. Die Teigplatte mit den Mandeln garnieren, das Backblech in den Backofen schieben.

Ober-/Unterhitze: 180–200 °C (vorgeheizt)
Heißluft: 160–180 °C (nicht vorgeheizt)
Gas: Stufe 3–4 (vorgeheizt)
Backzeit: 30–40 Minuten.

Preußischer Zimtkuchen

Für den Teig:
1 Pck. TK-Blätterteig (450 g)

Für den Belag:
250 g abgezogene, gemahlene Mandeln
etwa 1 EL Rosenwasser
(aus der Apotheke)
250 g Zucker
1 Ei
100 g Schmand
1 TL gemahlener Zimt
abgeriebene Schale von ½ Zitrone
(unbehandelt)

Für den Teig den Blätterteig abgedeckt bei Zimmertemperatur auftauen lassen. Die Teigplatten aufeinander legen, zu einem Rechteck in der Größe des Backblechs ausrollen und auf das mit Wasser abgespülte Backblech legen.

Für den Belag die Mandeln mit Rosenwasser, Zucker, Ei, Schmand, Zimt und Zitronenschale zu einer streichfähigen Masse verrühren. Die Mandelmasse auf den Blätterteig streichen. Den Kuchen mehrmals mit einer Gabel einstechen und das Backblech in den Backofen schieben.

Ober-/Unterhitze: 180–200 °C (vorgeheizt)
Heißluft: 160–180 °C (nicht vorgeheizt)
Gas: Stufe 3–4 (vorgeheizt)
Backzeit: etwa 30 Minuten.

Tip Dazu schmeckt am besten mit Bourbon Vanille-Zucker und einer Messerspitze gemahlenem Zimt abgeschmeckte Schlagsahne.

Butterkuchen

Für den Hefeteig:
375 g Weizenmehl
1 Pck. Trockenhefe
50 g Zucker
1 Pck. Vanillin-Zucker
1 Prise Salz
200 ml lauwarme Milch
75 g zerlassene, abgekühlte Butter oder Margarine

Für den Belag:
100 g Butterflöckchen
75 g Zucker
1 Pck. Vanillin-Zucker
100 g abgezogene, gehobelte Mandeln

Für den Teig das Mehl in eine Rührschüssel sieben und mit der Hefe sorgfältig vermischen. Die übrigen Zutaten hinzufügen und mit dem Handrührgerät mit Knethaken zunächst auf niedrigster, dann auf höchster Stufe in etwa 5 Minuten zu einem glatten Teig verarbeiten. Den Teig abgedeckt so lange an einem warmen Ort stehen lassen, bis er sich sichtbar vergrößert hat. Den Teig nochmals kurz durchkneten und auf einem gefetteten Backblech ausrollen. Vor den Teig einen mehrfach geknickten Streifen Alufolie legen.

Für den Belag mit den Fingerkuppen Vertiefungen in den Teig drücken und mit den Butterflöckchen belegen. Den Zucker mit Vanillin-Zucker mischen und darüber streuen. Die Mandeln gleichmäßig darüber verteilen, den Teig nochmals so lange an einem warmen Ort gehen lassen, bis er sich sichtbar vergrößert hat. Dann das Backblech in den Backofen schieben.

Ober-/Unterhitze: 200–220 °C (vorgeheizt)
Heißluft: 180–200 °C (nicht vorgeheizt)
Gas: etwa Stufe 4–5 vorgeheizt)
Backzeit: etwa 15 Minuten.

Das Backblech auf einen Kuchenrost stellen und etwas abkühlen lassen. Den Kuchen lauwarm in Portionsstücke schneiden und servieren.

Englische Teeschnitten

Für den Rührteig:
250 g weiche Butter
175 g Zucker
1 Pck. Vanillin-Zucker
1 Prise Salz
5 Eier
2 EL Rum
250 g Weizenmehl
1 gestr. TL Backpulver
125 g Korinthen

Für den Belag:
100 g abgezogene, gemahlene Mandeln
2 EL Grümmel (gestoßener Kandis)

Für den Teig die Butter mit dem Handrührgerät mit Rührbesen auf höchster Stufe geschmeidig rühren. Den Zucker, Vanillin-Zucker und Salz nach und nach unterrühren, bis eine gebundene Masse entstanden ist. Die Eier nach und nach unterrühren (jedes Ei etwa $1/2$ Minute), den Rum hinzufügen. Das Mehl mit dem Backpulver mischen, sieben und portionsweise auf mittlerer Stufe unterrühren. Die Korinthen unterrühren, den Teig auf ein gefettetes Backblech streichen. Vor den Teig einen mehrfach geknickten Streifen Alufolie legen.

Für den Belag die Mandeln und den Grümmel auf den Teig streuen. Das Backblech in den Backofen schieben.

Ober-/Unterhitze: 180–200 °C (vorgeheizt)
Heißluft: 160–180 °C (nicht vorgeheizt)
Gas: Stufe 3–4 (vorgeheizt)
Backzeit: etwa 25 Minuten.

Das Gebäck noch warm in beliebig große Stücke schneiden und erkaltet in einer gut schließenden Dose aufbewahren.

Propheten-Kuchen

(Foto)

Für den Teig:
6 Eigelb
100 ml Speiseöl
100 ml Rum (40 %ig)
100 g Weizenmehl

Für den Belag:
100 g Butter
2 Pck. Vanillin-Zucker
4–5 EL Zitronensaft
100 g Puderzucker

Für den Teig das Eigelb mit dem Handrührgerät mit Rührbesen auf höchster Stufe in 5 Minuten schaumig schlagen. Nacheinander das Öl und den Rum kurz unterrühren. Das Mehl sieben und auf mittlerer Stufe in 1 Minute unterrühren. Die Masse nochmals kurz, aber kräftig auf höchster Stufe schlagen. Den Teig auf ein gut gefettetes Backblech streichen. Das Backblech in den Backofen schieben.

Ober-/Unterhitze: etwa 250 °C (vorgeheizt)
Heißluft: –
Gas: Stufe 4–5 (vorgeheizt)
Backzeit: etwa 7 Minuten.

Das Gebäck auf dem Blech auskühlen lassen.

Für den Belag die Butter zerlassen, das Gebäck mit Hilfe eines Pinsels damit bestreichen, den Vanillin-Zucker darüberstreuen, mit dem Zitronensaft beträufeln und mit dem Puderzucker bestäuben.

Anmerkung:
Das Gebäck darf nur hellgelb gebacken werden und es ist darauf zu achten, daß 40 %iger Rum verwendet wird.

Streuselkuchen

Für den Hefeteig:
375 g Weizenmehl
1 Pck. Trockenhefe
50 g Zucker
1 Pck. Vanillin-Zucker
1 Prise Salz
200 ml lauwarme Milch
75 g zerlassene, abgekühlte Butter oder Margarine

Für die Streusel:
300 g Weizenmehl
150 g Zucker
1 Pck. Vanillin-Zucker
evtl. 1/2 TL gemahlener Zimt
150–200 g weiche Butter

Für den Teig das Mehl in eine Rührschüssel sieben und mit der Hefe sorgfältig vermischen. Die übrigen Zutaten hinzufügen und mit dem Handrührgerät mit Knethaken zunächst auf niedrigster, dann auf höchster Stufe in etwa 5 Minuten zu einem glatten Teig verarbeiten. Den Teig abgedeckt so lange an einem warmen Ort stehen lassen, bis er sich sichtbar vergrößert hat. Den Teig nochmals kurz durchkneten und auf einem gefetteten Backblech ausrollen. Vor den Teig einen mehrfach geknickten Streifen Alufolie legen.

Für die Streusel das Mehl in eine Rührschüssel sieben. Zucker, Vanillin-Zucker, evtl. Zimt und Butter hinzufügen. Die Zutaten mit dem Handrührgerät mit Knethaken zu Streuseln von gewünschter Größe verarbeiten. Die Streusel gleichmäßig auf dem Teig verteilen. Den Teig nochmals so lange an einem warmen Ort gehen lassen, bis er sich sichtbar vergrößert hat, erst dann das Blech in den Backofen schieben.

Ober-/Unterhitze: 200–220 °C (vorgeheizt)
Heißluft: 180–200 °C (nicht vorgeheizt)
Gas: etwa Stufe 4 (vorgeheizt)
Backzeit: 15–20 Minuten.

Raspelkuchen

Für den Belag:
150 g Butter
200 g Zucker
1 Pck. Vanillin-Zucker
2 EL Milch
200 g Kokosraspel

Für den Quark-Öl-Teig:
300 g Weizenmehl
1 Pck. Backpulver
150 g Speisequark
100 ml Milch
100 ml Speiseöl
75 g Zucker
1 Pck. Vanillin-Zucker
1 Prise Salz
Milch

Für den Belag die Butter zerlassen, nach und nach den Zucker, Vanillin-Zucker, Milch und Kokosraspeln unterrühren, abkühlen lassen.

Für den Teig das Mehl mit dem Backpulver mischen, in eine Rührschüssel sieben. Quark, Milch, Öl, Zucker, Vanillin-Zucker und Salz hinzufügen und mit dem Handrührgerät mit Knethaken in etwa 1 Minute verarbeiten. Anschließend auf der Arbeitsfläche zu einer Rolle formen. Den Teig auf einem gefetteten Backblech ausrollen und mit Milch bestreichen. Die Kokosmasse gleichmäßig auf dem Teig verteilen. Vor den Teig ein mehrfach geknicktes Stück Alufolie legen. Das Backblech in den Backofen schieben.

Ober-/Unterhitze: 180–200 °C (vorgeheizt)
Heißluft: 160–180 °C (nicht vorgeheizt)
Gas: Stufe 3–4 (vorgeheizt)
Backzeit: etwa 20 Minuten.

Thüringer Mohnkuchen

Für den Belag:
250 g frisch gemahlener Mohn
1 Pck. Pudding-Pulver
Vanille-Geschmack
50 g Grieß, 200 g Zucker
750 ml (¾ l) Milch
100 g Rosinen
2–3 Tropfen Zitronen-Aroma
2 Eigelb, 2 Eiweiß

Für den Quark-Öl-Teig:
300 g Weizenmehl
1 Pck. Backpulver
150 g Magerquark
100 ml Milch, 100 ml Speiseöl
75 g Zucker, 1 Pck. Vanillin-Zucker
1 Prise Salz

Für den Belag den Mohn mit kochendem Wasser übergießen und gut abtropfen lassen. Das Pudding-Pulver mit Grieß und Zucker mischen und mit 8 Eßlöffeln von der Milch anrühren. Die übrige Milch zum Kochen bringen. Das Pudding-Pulver unter Rühren in die von der Kochstelle genommene Milch geben, kurz aufkochen lassen. Den Mohn, Rosinen und das Aroma unterrühren, abkühlen lassen.

Für den Teig das Mehl mit dem Backpulver mischen, in eine Rührschüssel sieben. Die übrigen Zutaten hinzufügen und mit dem Handrührgerät mit Knethaken auf höchster Stufe in 1 Minute verarbeiten (nicht zu lange, der Teig klebt sonst). Anschließend auf der Arbeitsfläche zu einer Rolle formen. Den Teig auf einem gefetteten Backblech ausrollen. Die Hälfte der Mohnmasse auf den Teig streichen. Unter die restliche Masse das Eigelb rühren, das steifgeschlagene Eiweiß unterheben. Die Ei-Mohn-Masse auf die Mohn-Masse streichen. Das Backblech in den Backofen schieben.

Ober-/Unterhitze: 180–200 °C (vorgeheizt)
Heißluft: 160–180 °C (nicht vorgeheizt)
Gas: Stufe 3–4 (vorgeheizt)
Backzeit: 25–30 Minuten.

Honigkuchen

Für den Rührteig:

50 g weiche Butter
60 g Zucker, 3 Eigelb
abgeriebene Schale von 1 Zitrone (unbehandelt)
200 g Honig
75 ml sehr starker Kaffee (aus 4 TL Instant-Kaffee)
200 g Weizenmehl
150 g zarte Haferflocken
1 Pck. Backpulver
1 TL Zimt
je 1 Msp. gemahlener Piment und Nelken
1 Prise Salz, 50 Rosinen
je 50 g kleingewürfeltes Orangeat und Zitronat
4 Eiweiß
zarte Haferflocken

Zum Verzieren:

100 g abgezogene Mandeln
100 g rote Belegkirschen

Für den Teig die Butter mit dem Handrührgerät mit Rührbesen auf höchster Stufe geschmeidig rühren. Nach und nach den Zucker und das Eigelb (jedes Eigelb knapp ½ Minute) unterrühren. Die Zitronenschale, Honig und den Kaffee hinzufügen. Das Mehl mit den Haferflocken, Backpulver und Gewürzen vermengen und portionsweise unterrühren. Die Rosinen, Orangeat und Zitronat unterrühren. Das Eiweiß steif schlagen und unter den Teig heben. Eine Fettfangschale gut einfetten und mit Haferflocken ausstreuen. Den Teig hineingeben und glattstreichen. Die Teigoberfläche mit den Mandeln und Belegkirschen garnieren. Das Backblech in den Backofen schieben.

Ober-/Unterhitze: etwa 190 °C (vorgeheizt)
Heißluft: etwa 170 °C (nicht vorgeheizt)
Gas: Stufe 3–4 (vorgeheizt)
Backzeit: etwa 40 Minuten.

Den erkalteten Kuchen in Stücke schneiden und in einer Blechdose aufbewahren.

Kernige Pausenriegel

Für den Knetteig:
- 125 g Weizenmehl (Type 550)
- 100 g Vollkorn-Haferflocken (in der Pfanne leicht geröstet)
- 60 g brauner Zucker
- 1 Pck. Bourbon Vanille-Zucker
- 2 Eigelb
- 100 g Butter
- 30 g abgezogene, gemahlene Mandeln

Für den Belag:
- 2 Eier
- 2 Eiweiß
- 100 g flüssiger Honig
- 1 Pck. Bourbon Vanille-Zucker
- 50 g Apfelringe
- 50 g gehackte Cashewkerne
- 75 g Sonnenblumenkerne
- 25 g Sesamsaat
- 75 g vorbereitete schwarze Johannisbeeren oder 100 g Weinbeeren oder Korinthen
- 50 g Zartbitter-Schokolade
- 10 g Kokosfett

Für den Teig das Mehl in eine Rührschüssel sieben. Die Haferflocken, Zucker, Vanille-Zucker, Eigelb, Butter und Mandeln hinzufügen und mit dem Handrührgerät mit Knethaken zunächst kurz auf niedrigster, dann auf höchster Stufe gut durcharbeiten. Anschließend auf der Arbeitsfläche zu einem glatten Teig verkneten und mindestens 2 Stunden kalt stellen. Den Teig nochmals gut durchkneten und auf dem gefetteten Backblech (25 x 30 cm) ausrollen. Einen mehrfach geknickten Streifen Alufolie darum legen. Das Backblech in den Backofen schieben.

Ober-/Unterhitze: 180–200 °C (vorgeheizt)
Heißluft: 160–180 °C (nicht vorgeheizt)
Gas: Stufe 3–4 (vorgeheizt)
Backzeit: 8–10 Minuten.

Für den Belag die Eier mit Eiweiß, Honig und Vanille-Zucker schaumig schlagen. Die in feine Streifen geschnittenen Apfelringe, Cashewkerne, Sonnenblumenkerne und Sesamsaat unterrühren. Die Johannisbeeren, Weinbeeren oder Korinthen auf der Gebäckplatte verteilen und den Belag darauf streichen. Das Backblech wieder in den Backofen schieben.

Ober-/Unterhitze: etwa 160 °C (vorgeheizt)
Heißluft: etwa 140 °C (nicht vorgeheizt)
Gas: Stufe 2–3 (vorgeheizt)
Backzeit: etwa 30 Minuten.

Das etwas abgekühlte Gebäck in Rauten schneiden, abkühlen lassen. Die Schokolade mit dem Kokosfett im heißen Wasserbad auflösen und das Gebäck damit besprenkeln.

Kokos-Butterkuchen

Für den Hefeteig:
1 Würfel Frischhefe (42 g)
250 ml (¼ l) lauwarme Milch
1 TL Zucker, 200 g weiche Butter
100 g Zucker
1 Pck. Vanillin-Zucker, 1 Prise Salz
Schale und Saft von 1 Zitrone
(unbehandelt)
2 Eier, 375 g Weizenmehl
125 g Instant-Haferflocken

Für den Belag:
100 g Butterflöckchen
75–100 g Zucker
1 Pck. Vanillin-Zucker oder
1 Msp. gemahlener Zimt
75 g Kokosraspel

Für den Teig die Hefe zerbröckeln und mit dem Zucker (1 TL) in die lauwarme Milch geben und unter Rühren auflösen. Die Butter mit dem Handrührgerät mit Rührbesen auf höchster Stufe geschmeidig rühren. Nach und nach den Zucker, Vanillin-Zucker, Salz, Zitronenschale und Saft unterrühren, bis eine gebundene Masse entstanden ist. Die Eier nach und nach unterrühren (jedes Ei etwa ½ Minute). Das Mehl sieben, mit den Haferflocken mischen, auf mittlerer Stufe unterrühren. Zum Schluß die angerührte Hefe unterrühren. Den Teig abgedeckt an einem warmen Ort stehen lassen, bis er sich sichtbar vergrößert hat. Den Teig nochmals durchrühren und auf ein gefettetes Backblech geben, gleichmäßig verteilen.

Für den Belag die Butterflöckchen auf dem Teig verteilen, den Zucker mit Vanillin-Zucker oder Zimt gemischt und die Kokosraspeln darüberstreuen. Den Teig an einem warmen Ort stehen lassen, bis er sich sichtbar vergrößert hat, erst dann das Blech in den Backofen schieben.

Ober-/Unterhitze: 200–220 °C (vorgeheizt)
Heißluft: 180–200 °C (nicht vorgeheizt)
Gas: etwa Stufe 4 (vorgeheizt)
Backzeit: etwa 20 Minuten.

Luisenkuchen

Für den Knetteig:
250 g Weizenmehl
1 gestr. TL Backpulver
100 g Zucker
1 Pck. Vanillin-Zucker
1 Ei
125 g weiche Butter oder Margarine

Für den Rührteig:
200 g weiche Butter oder Margarine
200 g Zucker
1 Pck. Vanillin-Zucker
1 Prise Salz
abgeriebene Schale von 1 Zitrone (unbehandelt)
5 Eier
200 g Weizenmehl
50 g Speisestärke
1 gestr. TL Backpulver
50 g abgezogene, gemahlene Mandeln

Für die Füllung:
5 EL Sauerkirsch- oder schwarze Johannisbeer-Konfitüre

Für den Belag:
50 g zerlassene Butter
25 g Zucker
30 g aufgelöste Kuvertüre

Für den Knetteig das Mehl mit dem Backpulver mischen, in eine Rührschüssel sieben. Die übrigen Zutaten hinzufügen und mit dem Handrührgerät mit Knethaken zunächst kurz auf niedrigster, dann auf höchster Stufe gut durcharbeiten. Anschließend auf der Arbeitsfläche zu einem glatten Teig verkneten. Den Teig auf einem gefetteten Backblech ausrollen, mehrmals mit einer Gabel einstechen. Das Backblech in den Backofen schieben.

Ober-/Unterhitze: 200–220 °C (vorgeheizt)
Heißluft: 180–200 °C (nicht vorgeheizt)
Gas: etwa Stufe 4 (vorgeheizt)
Backzeit: etwa 10 Minuten.

Für den Rührteig die Butter oder Margarine mit dem Handrührgerät mit Rührbesen auf höchster Stufe geschmeidig rühren. Nach und nach den Zucker, Vanillin-Zucker, Salz und Zitronenschale unterrühren, bis eine gebundene Masse entstanden ist. Die Eier nach und nach unterrühren (jedes Ei etwa $1/2$ Minute). Das Mehl mit der Speisestärke und dem Backpulver mischen, sieben und auf mittlerer Stufe unterrühren. Zuletzt die Mandeln unterrühren.

Für die Füllung den vorgebackenen Knetteigboden mit der Konfitüre bestreichen. Den Rührteig gleichmäßig darauf verteilen, glattstreichen und das Backblech in den Backofen schieben.

Ober-/Unterhitze: 180–200 °C (vorgeheizt)
Heißluft: 160–180 °C (nicht vorgeheizt)
Gas: Stufe 3–4 (vorgeheizt)
Backzeit: etwa 25 Minuten.

Für den Belag den etwas abgekühlten Kuchen mit der Butter bestreichen und mit dem Zucker bestreuen. Das Gebäck erkalten lassen, mit der Kuvertüre besprenkeln, fest werden lassen und in Dreiecke oder Rechtecke schneiden.

Tip In Alufolie verpackt oder in einer gut schließenden Blechdose, kann das Gebäck mehrere Tage aufbewahrt werden.

Joghurt-Zitronen-Kuchen

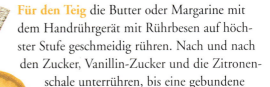

Für den Teig die Butter oder Margarine mit dem Handrührgerät mit Rührbesen auf höchster Stufe geschmeidig rühren. Nach und nach den Zucker, Vanillin-Zucker und die Zitronenschale unterrühren, bis eine gebundene Masse entstanden ist. Die Eier nach und nach unterrühren (jedes Ei etwa 1/2 Minute). Das Mehl mit der Speisestärke und dem Backpulver mischen, sieben und portionsweise abwechselnd mit dem Joghurt unterrühren. Den Teig auf ein gefettetes Backblech streichen und das Backblech in den Backofen schieben.

Ober-/Unterhitze: 180–200 °C (vorgeheizt)
Heißluft: etwa 160 °C (nicht vorgeheizt)
Gas: etwa Stufe 3 (vorgeheizt)
Backzeit: etwa 20 Minuten.

Das Backblech auf einen Kuchenrost stellen und erkalten lassen.

Für den Belag die Gelatine nach der Packungsanleitung einweichen und auflösen. Den Joghurt, Zitronensaft und -schale sowie Zucker glattrühren. Die Sahne steif schlagen. Die aufgelöste Gelatine unter die Joghurtmasse rühren und die steifgeschlagene Sahne unterheben. Die Creme auf dem Boden verteilen und glattstreichen. Den Belag fest werden lassen.

Zum Garnieren die Zitronen heiß waschen, halbieren und in Scheiben schneiden. Die Kuvertüre auflösen, die Zitronenscheiben mit der Schnittfläche hineintauchen und auf Pergamentpapier fest werden lassen. Die restliche Kuvertüre auf eine Platte gießen, verstreichen und fest werden lassen. Von der Kuvertüreplatte Locken schaben und diese mit den Zitronenscheiben auf dem Kuchen verteilen.

Für den Rührteig:
150 g weiche Butter oder Margarine
150 g Zucker
1 Pck. Vanillin-Zucker
1/2 Pck. geriebene Zitronenschale
3 Eier
125 g Weizenmehl
25 g Speisestärke
2 TL Backpulver
1 Becher (150 g) Vollmilch-Joghurt

Für den Belag:
6 Blatt weiße Gelatine
3 Becher (je 150 g) Vollmilch-Joghurt
100 ml Zitronensaft
1/2 Pck. geriebene Zitronenschale
75–100 g Zucker
250 ml (1/4 l) Schlagsahne

Zum Garnieren:
2 Zitronen, unbehandelt
100 g Halbbitter-Kuvertüre

Holsteiner Weihnachtskuchen

Für den Hefeteig:
1 Pck. Trockenhefe, 1 TL Zucker
100 ml lauwarme Milch
500 g Weizenmehl
abgeriebene Schale von 1/2 Zitrone (unbehandelt), 50 g Zucker
1 Prise Salz, 2 Eier
je 2 Msp. gemahlener Kardamom und Ingwer
250 g zerlassene, abgekühlte Butter
100 g Rosinen, 100 g Korinthen

Für den Belag:
50–100 g Butterflöckchen
50 g Zimt-Zucker

Für den Teig die Hefe mit Zucker und Milch in einem Schüsselchen sorgfältig anrühren, etwa 15 Minuten bei Zimmertemperatur gehen lassen. Das Mehl in eine Rührschüssel sieben und in die Mitte eine Vertiefung drücken. Zitronenschale, Zucker, Salz, Eier, Gewürze und die Butter an den Rand des Mehls geben. Die angesetzte Hefe in die Vertiefung geben. Die Zutaten mit dem Handrührgerät mit Knethaken zunächst kurz auf niedrigster, dann auf höchster Stufe in etwa 5 Minuten zu einem glatten Teig verkneten. Den Teig abgedeckt an einem warmen Ort so lange stehen lassen, bis er sich sichtbar vergrößert hat, ihn dann auf höchster Stufe nochmals kurz durchkneten. Die Rosinen und Korinthen kurz auf mittlerer Stufe unterkneten. Den Teig auf einem gefetteten Backblech ausrollen und nochmals abgedeckt an einem warmen Ort so lange gehen lassen, bis er sich sichtbar vergrößert hat.

Für den Belag den Teig mit den Butterflöckchen belegen und mit Zimt-Zucker bestreuen. Das Backblech in den Backofen schieben.

Ober-/Unterhitze: 200–220 °C (vorgeheizt)
Heißluft: 180–200 °C (nicht vorgeheizt)
Gas: Stufe 4–5 (vorgeheizt)
Backzeit: 15–20 Minuten.

Kaffeeschnitten

Für den Rührteig:
- 250 g weiche Butter oder Margarine
- 200 g Zucker
- 1 Pck. Vanillin-Zucker
- ½ Fläschchen Zitronen-Aroma oder
- 1 Fläschchen Rum-Aroma
- 1 Prise Salz
- 5 Eier
- 500 g Weizenmehl
- 4 gestr. TL Backpulver
- knapp 125 ml (⅛ l) Milch

Für den Belag:
- 125 g Korinthen
- 250 g Rosinen
- 100 g fein gewürfeltes Zitronat (Sukkade)
- 50 g Hagelzucker
- 50 g abgezogene, gehobelte Mandeln

Für den Teig die Butter oder Margarine mit dem Handrührgerät mit Rührbesen auf höchster Stufe geschmeidig rühren. Zucker, Vanillin-Zucker, Aroma und Salz nach und nach unterrühren, bis eine gebundene Masse entstanden ist. Die Eier nach und nach unterrühren (jedes Ei etwa ½ Minute). Das Mehl und Backpulver mischen, sieben und abwechselnd portionsweise mit der Milch auf mittlerer Stufe unterrühren. Nur so viel Milch verwenden, daß der Teig schwer-reißend vom Löffel fällt. Den Teig in eine gefettete Fettfangschale streichen.

Für den Belag die Zutaten vermischen und gleichmäßig auf dem Teig verteilen. Das Backblech in den Backofen schieben.

Ober-/Unterhitze: 180–200 °C (vorgeheizt)
Heißluft: 160–180 °C (nicht vorgeheizt)
Gas: Stufe 3–4 (vorgeheizt)
Backzeit: etwa 25 Minuten.

Schatzinsel

(Foto)

Für den Belag:
- 2 Pck. Garant Grieß-Pudding
- 750 ml (¾ l) Milch
- 250 g Magerquark

Für den Rührteig:
- 100 g weiche Butter oder Margarine
- 100 g Zucker
- 1 Pck. Vanillin-Zucker
- 1 Prise Salz
- 2 Eier
- 200 g Weizenmehl
- 2 gestr. TL Backpulver

Für den Guß:
- 2 Pck. Tortenguß, klar
- 500 ml (½ l) Apfelsaft, klar
- evtl. Zucker
- Nuß-Nougat-Creme oder
- aufgelöste Kuvertüre

Für den Belag einen Pudding aus dem Pudding-Pulver und der Milch nach Packungsanleitung zubereiten, etwas abkühlen lassen. Den Quark unterrühren.

Für den Teig die Butter oder Maragrine mit dem Handrührgerät mit Rührbesen auf höchster Stufe geschmeidig rühren. Nach und nach den Zucker, Vanillin-Zucker und Salz unterrühren, bis eine gebundene Masse entstanden ist. Die Eier nach und nach unterrühren (jedes Ei etwa ½ Minute). Das Mehl mit dem Backpulver mischen, sieben und portionsweise auf mittlerer Stufe unterrühren. Den Teig auf ein gefettetes Backblech streichen. Den Grieß-Quark-Pudding gleichmäßig darauf streichen. Vor den Teig einen mehrfach geknickten Streifen Alufolie legen. Das Backblech in den Backofen schieben.

Ober-/Unterhitze: etwa 170 °C (vorgeheizt)
Heißluft: etwa 150 °C (nicht vorgeheizt)
Gas: etwa Stufe 3 (vorgeheizt)
Backzeit: etwa 30 Minuten.

Das Backblech auf einen Kuchenrost stellen und erkalten lassen.

Für den Guß aus dem Tortengußpulver und dem Apfelsaft nach der Packungsanleitung einen Guß zubereiten, evtl. mit Zucker abschmecken. Den Guß über dem Kuchen verteilen, erkalten lassen. Etwas Nuß-Nougat-Creme oder Kuvertüre in ein Pergamentpapiertütchen geben und die Gebäckplatte damit verzieren.

Nuss-Rum-Schnitten

Für den Rührteig:
125 g weiche Butter oder Margarine
125 g Zucker
1 Pck. Vanillin-Zucker
1 Beutel Rum-Aroma
1 Prise Salz, 8 Eigelb
300 g gemahlene Haselnußkerne
50 g gehackte Haselnußkerne
1 gestr. TL Backpulver
8 Eiweiß

Für den Guß:
125 g Puderzucker, 2–3 EL Rum
oder
200 g Zartbitter-Schokolade
25 g Kokosfett

Für den Teig die Butter oder Margarine mit dem Handrührgerät mit Rührbesen auf höchster Stufe geschmeidig rühren. Nach und nach den Zucker, Vanillin-Zucker, Aroma und Salz unterrühren, bis eine gebundene Masse entstanden ist. Das Eigelb nach und nach unterrühren (jedes Eigelb knapp 1/2 Minute). Die Haselnußkerne mit dem Backpulver mischen und in drei Portionen auf mittlerer Stufe unterrühren. Das Eiweiß steif schlagen und unterheben. Den Teig auf ein gefettetes, mit Backpapier belegtes Backblech streichen. Das Backblech in den Backofen schieben.

Ober-/Unterhitze: etwa 180 °C (vorgeheizt)
Heißluft: etwa 160 °C (nicht vorgeheizt)
Gas: etwa Stufe 3 (vorgeheizt)
Backzeit: 20–25 Minuten.

Das Backblech auf einen Kuchenrost stellen und erkalten lassen.

Für den Guß den Puderzucker mit dem Rum zu einer dickflüssigen Masse verrühren und den Kuchen damit bestreichen oder die Schokolade mit dem Kokosfett im heißen Wasserbad geschmeidig rühren und den Kuchen damit bestreichen. Den Kuchen in Stücke schneiden.

Butterkuchen, einmal anders

Für den Quark-Öl-Teig:
300 g Weizenmehl
1 Pck. Backpulver
150 g Magerquark
100 ml Milch, 100 ml Speiseöl
75 g Zucker
1 Pck. Vanillin-Zucker
1 Prise Salz, 75 g Rosinen

Für den Belag:
100–125 g Butter, 75 g Zucker
1 Pck. Vanillin-Zucker
50–100 g abgezogene,
gehobelte Mandeln

Für den Teig das Mehl mit Backpulver mischen, in eine Rührschüssel sieben. Die übrigen Zutaten (bis auf die Rosinen) hinzufügen und mit dem Handrührgerät mit Knethaken etwa 1 Minute verarbeiten (nicht zu lange, der Teig klebt sonst). Die Rosinen hinzufügen und den Teig auf der Arbeitsfläche zu einer Rolle formen. Den Teig auf dem gefetteten Backblech ausrollen.

Für den Belag die Butter in Flöckchen gleichmäßig auf den Teig legen. Den Zucker mit Vanillin-Zucker mischen und darüberstreuen. Die Mandeln gleichmäßig darüber verteilen. Vor den Teig einen mehrfach geknickten Streifen Alufolie legen. Das Backblech in den Backofen schieben.

Ober-/Unterhitze: 180–200 °C (vorgeheizt)
Heißluft: 160–180 °C (nicht vorgeheizt)
Gas: Stufe 3–4 (vorgeheizt)
Backzeit: etwa 20 Minuten.

Thüringer Streuselkuchen

Für den Hefeteig:
375 g Weizenmehl
1 Pck. Trockenhefe
50 g Zucker
1 Pck. Vanillin-Zucker
1 Prise Salz
1 Ei
150–200 ml lauwarme Milch
50 g zerlassene, abgekühlte Butter oder Margarine
20 g zerlassene Butter

Für die Streusel:
300 g Weizenmehl
150 g Zucker
1 Pck. Vanillin-Zucker
200 g weiche Butter oder Margarine
10 g Kakaopulver

Zum Beträufeln:
125 ml (1/8 l) Milch
60 g Butter
100 g zerlassene Butter
Puderzucker

Für den Teig das Mehl in eine Rührschüssel sieben und mit der Hefe sorgfältig vermischen. Den Zucker, Vanillin-Zucker, Salz, Ei, Milch und Butter (50 g) hinzufügen. Die Zutaten mit dem Handrührgerät mit Knethaken zunächst auf niedrigster, dann auf höchster Stufe in etwa 5 Minuten zu einem glatten Teig verarbeiten. Den Teig zugedeckt so lange an einem warmen Ort stehen lassen, bis er sich sichtbar vergrößert hat. Den gegangenen Teig nochmals kurz durchkneten und auf einem gefetteten Backblech ausrollen. Den Teig mit der Butter (20 g) bestreichen. Vor den Teig einen mehfach geknickten Streifen Alufolie legen.

Für die Streusel das Mehl in eine Rührschüssel sieben. Den Zucker, Vanillin-Zucker und die Butter hinzufügen und mit dem Handrührgerät mit Knethaken zu Streuseln von gewünschter Größe verarbeiten. Die Hälfte der Streusel auf dem Teig verteilen. Unter die restlichen Streusel den Kakao arbeiten und die Lücken damit füllen, so daß ein schwarz-weißes Muster entsteht. Den Teig nochmals an einem warmen Ort gehen lassen, bis er sich sichtbar vergrößert hat und erst dann das Backblech in den Backofen schieben.

Ober-/Unterhitze: 200–220 °C (vorgeheizt)
Heißluft: 180–200 °C (nicht vorgeheizt)
Gas: Stufe 4–5 (vorgeheizt)
Backzeit: 15–20 Minuten.

Zum Beträufeln die Milch erhitzen, die Butter (60 g) darin auflösen und den noch heißen Kuchen damit beträufeln, erkalten lassen. Den erkalteten Kuchen mit der zerlassenen Butter bestreichen und mit Puderzucker bestäuben.

Tip Zur geschmacklichen Veränderung kann der Teig mit etwa 3-4 Eßlöffeln beliebiger Konfitüre oder Pflaumenmus bestrichen werden, bevor die Streusel aufgestreut werden.

Nußecken

Für den Knetteig:
125 g Weizen, 50 g Buchweizen
½ TL Backpulver
50 g Honig, 1 kleines Ei
75 g weiche Butter oder Margarine

Für den Belag:
100 g Butter, 100 g Honig
75 g gemahlene Haselnußkerne
125 g gehobelte Haselnußkerne
2 TL Buchweizenmehl
2 EL Aprikosen-Konfitüre

Zum Bestreichen:
50 g Edelbitter-Schokolade (mit Sucanat)
etwas Kokosfett

Für den Teig den Weizen und Buchweizen fein mahlen, in eine Rührschüssel geben, mit dem Backpulver mischen. Die übrigen Zutaten hinzufügen und mit dem Handrührgerät mit Knethaken gut durcharbeiten. Anschließend zu einem glatten Teig verkneten, sollte er kleben, ihn eine Zeitlang kalt stellen.

Für den Belag die Butter mit dem Honig in einem Topf erwärmen. Die Haselnußkerne und das Buchweizenmehl hinzufügen, unter Rühren kurz aufkochen lassen. Die Masse erkalten lassen. Den Teig auf einem gefetteten Backblech (28 x 28 cm) ausrollen und mit der Konfitüre bestreichen. Die Haselnußmasse auf der Konfitüre verteilen und glattstreichen. Das Backblech in den Backofen schieben.

Ober-/Unterhitze: etwa 180 °C (vorgeheizt)
Heißluft: etwa 160 °C (nicht vorgeheizt)
Gas: etwa Stufe 3 (vorgeheizt)
Backzeit: 25–30 Minuten.

Das Backblech auf einen Kuchenrost stellen und erkalten lassen. Das Gebäck in Dreiecke schneiden.

Zum Bestreichen die Schokolade mit dem Kokosfett im heißen Wasserbad geschmeidig rühren und die Ecken der Gebäckstücke damit bestreichen.

Schwäbischer Kartoffelkuchen

250 g Aprikosen (aus der Dose)
125 g Sultaninen

Für den Hefeteig:
175 g Weizenmehl
½ Pck. (2 gestr. TL) Trockenhefe
20 g Zucker, 1 Prise Salz
1 Pck. geriebene Zitronenschale, 2 Eier
75 g zerlassene, abgekühlte Butter
50 ml lauwarme Milch
250 g Pellkartoffeln

Zum Bestreichen:
Milch, zerlassene Butter

Zum Bestreuen:
Zucker und Zimt

Die Aprikosen auf einem Sieb gut abtropfen lassen. Die Sultaninen in dem Aprikosensaft etwa 1 Stunde einweichen.

Für den Teig das Mehl in eine Schüssel sieben, die Hefe sorgfältig unterrühren. Zucker, Salz, Zitronenschale, Eier, Butter und Milch hinzufügen. Die Zutaten mit dem Handrührgerät mit Knethaken in etwa 5 Minuten zu einem glatten Teig verarbeiten. Den Teig zugedeckt an einem warmen Ort so lange stehen lassen, bis er sich sichtbar vergrößert hat. Dann die durch eine Kartoffelpresse gedrückten Kartoffeln unterarbeiten. Anschließend die abgetropften Sultaninen und die in Streifen geschnittenen Aprikosen darunter geben. Den Teig auf ein gefettetes Backblech (38 x 28 cm) streichen. Vor den Teig einen mehrfach umgeknickten Streifen Alufolie legen. Den Teig gehen lassen, mit Milch bestreichen, mit Zucker und Zimt bestreuen.

Ober-/Unterhitze: 200–220 °C (vorgeheizt)
Heißluft: 180–200 °C (nicht vorgeheizt)
Gas: Stufe 3–4 (vorgeheizt)
Backzeit: 20–25 Minuten.

Den Kuchen sofort nach dem Backen mit zerlassener Butter bestreichen, mit Zucker und Zimt bestreuen.

Becherkuchen

Für den Teig:
1 Becher [250 ml (¼ l)] Schlagsahne
1 Becher (175 g) Zucker
1 Pck. Vanillin-Zucker, 3 Eier
abgeriebene Schale von ½ Zitrone
2 Becher (300 g) Weizenmehl
1 Pck. Backpulver

Für den Belag:
125 g Butter, 125 g Zucker
1 Pck. Vanillin-Zucker, 3 EL Milch
100 g abgezogene, gehobelte Mandeln

Für den Teig die Sahne in eine Rührschüssel geben, nach und nach den Zucker und Vanillin-Zucker mit dem Handrührgerät mit Rührbesen unterrühren. Die Eier nach und nach unterrühren (jedes Ei etwa ½ Minute). Die Zitronenschale hinzufügen. Das Mehl mit dem Backpulver mischen, sieben und portionsweise auf mittlerer Stufe unterrühren. Den Teig in eine gut gefettete Fettfangschale geben und das Backblech in den Backofen schieben.

Ober-/Unterhitze: etwa 200 °C (vorgeheizt)
Heißluft: etwa 180 °C (nicht vorgeheizt)
Gas: Stufe 3–4 (vorgeheizt)
Backzeit: etwa 10 Minuten.

Für den Belag Butter, Zucker, Vanillin-Zucker und Milch in einem Topf unter Rühren langsam erwärmen, zerlassen, von der Kochstelle nehmen und die Mandeln unterrühren. Den Belag auf den vorgebackenen Kuchen streichen und das Backblech wieder in den Backofen schieben.

Backtemperatur: siehe oben.
Backzeit: etwa 12 Minuten.

Eierschecke

(Foto)

Für den Hefeteig:
375 g Weizenmehl (Type 1050)
1 Pck. Trockenhefe
50 g Zucker
1 Pck. Vanillin-Zucker
1 Prise Salz
1 Ei
150–200 ml lauwarme Milch
50 g zerlassene, abgekühlte Butter oder Margarine

Für den Belag:
750 g Magerquark
125 g Zucker
50 g weiche Butter
2 Eier
2 Tropfen Bittermandel-Aroma
5 EL Milch
1 Pck. Käsekuchen Hilfe
75 g Rosinen

Für die Eiercreme:
1 Pck. Dessert-Soße Vanille-Geschmack
1 EL Zucker
250 ml (¼ l) Milch
100 g weiche Butter
75 g gesiebter Puderzucker
3 Eigelb
3 Eiweiß
Puderzucker

Für den Teig das Mehl in eine Rührschüssel sieben und mit der Hefe sorgfältig mischen. Die übrigen Zutaten hinzufügen und mit dem Handrührgerät mit Knethaken zunächst kurz auf niedrigster, dann auf höchster Stufe in etwa 5 Minuten zu einem glatten Teig verarbeiten. Den Teig abgedeckt an einem warmen Ort so lange stehen lassen, bis er sich sichtbar vergrößert hat. Den Teig nochmals kurz durchkneten, ausrollen und in eine gefettete Fettfangschale legen, an den Rändern etwas hochdrücken.

Für den Belag den Quark mit Zucker, Butter, Eiern, Aroma und Milch verrühren. Zuletzt die Käsekuchen Hilfe und die Rosinen unterrühren. Die Masse gleichmäßig auf den Teig streichen und das Backblech in den Backofen schieben.

Ober-/Unterhitze: 180–200 °C (vorgeheizt)
Heißluft: 160–180 °C (nicht vorgeheizt)
Gas: Stufe 3–4 (vorgeheizt)
Backzeit: etwa 25 Minuten

Für die Eiercreme aus dem Soßen-Pulver mit Zucker und Milch nach der Packungsanleitung einen Pudding zubereiten, erkalten lassen, ab und zu durchrühren. Die Butter geschmeidig rühren, nach und nach den Puderzucker und das Eigelb unterrühren. Den Pudding unterrühren. Das Eiweiß steif schlagen, vorsichtig unter die Creme heben. Die Masse auf den Quarkbelag streichen, in den Backofen schieben.

Backtemperatur: siehe links.
Backzeit: etwa 10 Minuten.

Den erkalteten Kuchen mit Papierstreifen belegen und mit Puderzucker bestäuben. Die Papierstreifen vorsichtig abheben und das Gebäck in Rauten schneiden.

Fruchtlebkuchen

Für den Biskuitteig:
150 g Nackthafer
je 60 g entsteinte Trockenpflaumen, getrocknete Birnen, Zitronat, Orangeat
100 g Rosinen, 3 Eier
4 EL Mineralwasser
180 g flüssiger Honig, 1 Prise Salz
100 ml Schlagsahne
100 g gehackte Haselnußkerne
abgeriebene Schale von 1 Zitrone (unbehandelt)
50 g Hirsemehl
200 g Weizenvollkornmehl
1 TL Backpulver
2 EL Lebkuchengewürz

Für den Belag:
2 EL Honig
2 EL kochendheißes Wasser
100 g Zitronat am Stück

Für den Teig den Hafer unter Rühren ohne Fett in einer Pfanne leicht rösten und kalt stellen. Das Trockenobst, Zitronat, Orangeat und Rosinen fein würfeln. Die Eier mit dem Wasser, Honig, Salz und Sahne mit dem Handrührgerät mit Rührbesen auf höchster Stufe in etwa 2 Minuten schaumig schlagen. Die Haselnußkerne mit Zitronenschale, Hirse- und Vollkornmehl, Backpulver und Gewürz mischen. Alle vorbereiteten Zutaten nacheinander mit dem Hafer unterrühren. Den Teig abgedeckt 2–3 Stunden in den Kühlschrank stellen. Den Teig auf ein gefettetes Backblech streichen und das Backblech in den Backofen schieben.

Ober-/Unterhitze: 200–220 °C (vorgeheizt)
Heißluft:
Gas: Stufe 3–4 (vorgeheizt)
Backzeit: 20–25 Minuten.

Für den Belag den Honig mit dem Wasser verrühren und das Gebäck sofort nach dem Backen damit bestreichen. Das Zitronat fein schneiden, das Gebäck damit garnieren und noch warm in Rauten schneiden.

Kokoskuchen

Für den Hefeteig:
375 g Weizenmehl
1 Pck. Trockenhefe
50 g Zucker, 1 Prise Salz
1 Pck. Vanillin-Zucker, 1 Ei
150 ml lauwarme Milch
50 g zerlassene Butter oder Margarine

Für den Belag:
200 g Butter
150 g Zucker
1 Pck. Vanillin-Zucker
200 g Kokosraspel, 3 Eier
20 g zerlassene Butter
150 ml heiße Milch
50 g aufgelöste Zartbitter-Schokolade

Für den Teig das Mehl in eine Rührschüssel sieben, mit der Hefe sorgfältig vermischen. Die übrigen Zutaten hinzufügen und mit dem Handrührgerät mit Knethaken zunächst auf niedrigster, dann auf höchster Stufe in etwa 5 Minuten zu einem glatten Teig verarbeiten. Den Teig abgedeckt so lange an einem warmen Ort stehen lassen, bis er sich sichtbar vergrößert hat.

Für den Belag die Butter (200 g) zerlassen, Zucker und Vanillin-Zucker hinzufügen und unter Rühren aufkochen lassen. Die Kokosraspeln hinzufügen, unter Rühren leicht bräunen und erkalten lassen. Die Eier unterrühren. Den gegangenen Teig nochmals kurz durchkneten und auf einem gefetteten Backblech ausrollen. Den Teig mit der Butter (20 g) bestreichen. Vor den Teig ein mehrfach geknicktes Stück Alufolie legen. Den Belag auf den Teig streichen und das Backblech sofort in den Backofen schieben.

Ober-/Unterhitze: 200–220 °C (vorgeheizt)
Heißluft: 180–200 °C (nicht vorgeheizt)
Gas: etwa Stufe 4 (vorgeheizt)
Backzeit: etwa 25 Minuten.

Den heißen Kuchen mit der Milch bepinseln, erkalten lassen. Den erkalteten Kuchen mit der Schokolade besprenkeln.

Blechkuchen wür

zig und pikant

Spargelkuchen

(Foto Seite 64/65)

Für den Hefeteig:
250 g Weizenmehl
½ Pck. Trockenhefe
¼ TL Salz
1 Ei
knapp 125 ml (⅛ l) lauwarme Milch
50 g zerlassene, abgekühlte Butter

Für den Knetteig:
125 g Weizenmehl
¼ TL Salz
2 EL Wasser
75 g Butter
100 g geraspelter Gouda

Für den Belag:
2 Becher (je 150 g) Crème fraîche
50 ml Milch
2 TL Speisestärke
½ TL Worcester Sauce
Salz, frisch gemahlener Pfeffer
1-1,5 kg geschälter, blanchierter, grüner Spargel
150 g Lachsschinken in Scheiben

Für den Teig das Mehl in eine Rührschüssel sieben, mit der Hefe sorgfältig vermischen. Die übrigen Zutaten hinzufügen und mit dem Handrührgerät mit Knethaken zunächst auf niedrigster, dann auf höchster Stufe in etwa 5 Minuten zu einem glatten Teig verarbeiten. Den Teig abgedeckt so lange an einem warmen Ort gehen lassen, bis er sich sichtbar vergrößert hat.

Für den Knetteig das Mehl in eine Rührschüssel sieben, die übrigen Zutaten hinzufügen und mit dem Handrührgerät mit Knethaken zunächst kurz auf niedrigster, dann auf höchster Stufe gut durcharbeiten. Anschließend auf der Arbeitsfläche zu einem glatten Teig verkneten.

Den gegangenen Hefeteig mit dem Knetteig verkneten und ⅔ des Teiges auf dem gefetteten Backblech ausrollen. Den Teig an einem warmen Ort nochmals gehen lassen und erst dann in den Backofen schieben.

Ober-/Unterhitze: etwa 200 °C (vorgeheizt)
Heißluft: etwa 180 °C (nicht vorgeheizt)
Gas: Stufe 3–4 (vorgeheizt)
Backzeit: etwa 10 Minuten.

Für den Belag Crème fraîche, Milch und Speisestärke glattrühren und mit den Gewürzen abschmecken. Die Hälfte der Masse auf den Teig streichen. Die Spargelstangen in den Schinken wickeln und gleichmäßig auf der Creme verteilen. Die restliche Creme in die Zwischenräume geben. Den restlichen Teig dünn ausrollen und in Streifen (2 x 6 cm) schneiden. Die Streifen in der Mitte drehen, auf den Schinken legen. Das Backblech in den Backofen schieben. Den Spargelkuchen evtl. nach 10 Minuten Backzeit mit Alufolie abdecken.

Backtemperatur: siehe oben.
Backzeit: etwa 20 Minuten.

Tip: Für den Spargel-Kuchen kann auch grüner und weißer Spargel gemischt verwendet werden. Außerdem kann der Kuchen zusätzlich mit 250 g Mozzarella, in Scheiben geschnitten, belegt werden.

Maiskuchen

Für den Teig:
1 ½ l Gemüsebrühe
300 g grober Maisgrieß
1 EL Butter

Für den Belag:
4 große Fleischtomaten
1 Glas (50 g) Petersilienpaste
2–3 EL Olivenöl
100 g schwarze, entsteine Oliven
2 Mozzarella-Käse (je 125 g)
etwa 20 Salbeiblätter
40 g frisch geriebener Parmesan

Für den Teig die Gemüsebrühe zum Kochen bringen, den Maisgrieß unter Rühren einstreuen und bei schwacher Hitze etwa 15 Minuten quellen lassen, ab und zu durchrühren. Die Butter unterrühren und den Maisbrei auf ein gut gefettetes Backblech streichen.

Für den Belag die Tomaten waschen, den Stengelansatz herausschneiden und in Scheiben und Achtel schneiden. Die Tomaten abwechselnd in Reihen auf den Teig legen. Die Petersilienpaste mit Öl verrühren und über die Tomaten träufeln. Die Oliven halbieren und den Mozzarella in Scheiben schneiden. Die Tomaten damit belegen und die Salbeiblättchen dazwischen verteilen. Den Parmesankäse darüberstreuen. Das Backblech in den Backofen schieben.

Ober-/Unterhitze: etwa 200 °C (vorgeheizt)
Heißluft: etwa 180 °C (nicht vorgeheizt)
Gas: Stufe 3–4 (vorgeheizt)
Backzeit: etwa 25 Minuten.

Bunter Hackfleisch-Kuchen

Für den Teig:
2 altbackene Brötchen
250 g Zwiebeln
je 1 grüne, gelbe und rote Paprikaschote
1 Bund Petersilie
1 kg Gehacktes (halb Rind- halb Schweinefleisch)
3 Eier
Salz
frisch gemahlener Pfeffer
1 EL Kräuter der Provençe
Speiseöl

Für den Teig die Brötchen in kaltem Wasser einweichen. Die Zwiebeln abziehen und hacken. Die Paprikaschoten halbieren, entstielen, entkernen, die weißen Scheidewände entfernen, waschen und in Würfel schneiden. Die Petersilie waschen und hacken. Das Gehackte mit den ausgedrückten Brötchen, Eiern, Zwiebeln, Petersilie und Paprikawürfeln verkneten und mit Salz, Pfeffer und Kräutern der Provençe würzen. Ein Backblech mit Speiseöl einpinseln und die Hackfleischmasse darauf glattstreichen. Das Backblech in den Backofen schieben.

Ober-/Unterhitze: etwa 200 °C (vorgeheizt)
Heißluft: etwa 180 °C (nicht vorgeheizt)
Gas: Stufe 3–4 (vorgeheizt)
Backzeit: etwa 40 Minuten.

Tip Die Hackfleischmasse 15 Minuten vor dem Ende der Backzeit mit 200 g geriebenem Käse bestreuen.

Pizza Napoli

Für den Quark-Öl-Teig:
250 g Weizenmehl
3 ½ TL Backpulver
125 g Magerquark, 5 EL Milch
5 EL Speiseöl, 1 TL Salz

Für den Belag:
4 EL Speiseöl
8 EL Tomatenketchup, Salz
frisch gemahlener Pfeffer
gerebelter Oregano
1 kleine Dose Pizza-Tomaten
(Einwaage 400 g)
1 Dose Champignons
(Abtropfgewicht 230 g)
2 Zwiebeln
12 Scheiben Salami
200 g geraspelter Käse

Für den Teig das Mehl mit dem Backpulver mischen und in eine Rührschüssel sieben. Die übrigen Zutaten hinzufügen und mit dem Handrührgerät mit Knethaken in etwa 1 Minute verarbeiten. Anschließend den Teig auf der Arbeitsfläche zu einer Rolle formen und auf einem gefetteten Backblech ausrollen.

Für den Belag das Speiseöl mit dem Tomatenketchup verrühren, mit Salz, Pfeffer und Oregano würzen und auf den Teig streichen. Die Pizza-Tomaten darüber verteilen. Die Champignons abtropfen lassen und in Scheiben schneiden. Die Zwiebeln abziehen und in Scheiben schneiden. Beide Zutaten auf den Tomaten verteilen und mit Salz, Pfeffer und Oregano würzen. Die Salamischeiben darüber verteilen und mit dem Käse bestreuen. Das Backblech in den Backofen schieben.

Ober-/Unterhitze: etwa 200 °C (vorgeheizt)
Heißluft: etwa 180 °C (nicht vorgeheizt)
Gas: Stufe 3–4 (vorgeheizt)
Backzeit: etwa 30 Minuten.

Spanischer Gemüsekuchen

Für den Hefeteig:
375 g Weizenmehl
½ Würfel Frischhefe (20 g)
1 TL Zucker
5 EL lauwarmes Wasser
3 EL Sonnenblumenöl
2 Eier
Salz
Paprika edelsüß

Für den Belag:
2 große rote Paprikaschoten
500 g Mangold oder Pak-Choi
Olivenöl
Salz
frisch gemahlener Pfeffer
1 Gemüsezwiebel
1 Becher (150 g) saure Sahne

Für den Teig das Mehl in eine Rührschüssel sieben, in die Mitte eine Vertiefung eindrücken. Die zerbröckelte Hefe mit Zucker und Wasser verrühren und in die Vertiefung gießen. Die übrigen Zutaten an den Rand des Mehls geben und mit dem Handrührgerät mit Knethaken zunächst kurz auf niedrigster, dann auf höchster Stufe in etwa 3 Minuten zu einem glatten Teig verkneten (evtl. noch etwas Wasser hinzufügen). Den Teig abgedeckt an einem warmen Ort so lange stehen lassen, bis er sich sichtbar vergrößert hat.

Für den Belag die Paprikaschoten unter dem Grill rundherum rösten, bis die Haut schwarz wird. Die Paprikaschoten mit einem feuchten Tuch abgedeckt kurz ruhen lassen, dann die Haut abziehen. Die Paprika halbieren, entstielen, entkernen und die weißen Scheidewände entfernen, in Streifen schneiden. Den Mangold oder Pak-Choi putzen, waschen, in Streifen schneiden und in 2 Eßlöffeln Olivenöl etwa 10 Minuten dünsten, mit Salz und Pfeffer würzen. Die Zwiebel abziehen, in Stücke schneiden und in 1–2 Eßlöffeln Olivenöl leicht bräunen. Den gegangenen Teig kurz durchkneten und auf einem gefetteten Backblech ausrollen. Den Teig mit der sauren Sahne bestreichen und das Gemüse mit den Zwiebelstücken darauf verteilen. Mit Salz und Pfeffer würzen und mit etwas Olivenöl beträufeln und den Teig so lange stehen lassen, bis er sich sichtbar vergrößert hat. Das Backblech in den Backofen schieben.

Ober-/Unterhitze: etwa 200 °C (vorgeheizt)
Heißluft: etwa 180 °C (nicht vorgeheizt)
Gas: Stufe 3–4 (vorgeheizt)
Backzeit: etwa 25 Minuten.

Tip Wenn es mal ganz schnell gehen soll, kann anstatt Hefe ein Päckchen Pizza-Fix verwendet werden. Außerdem kann der Gemüsekuchen auch noch mit Artischockenherzen, Tomaten und Oliven belegt werden.

Kräuter-Irrgarten

Für den Teig:
300 g (5 Platten) TK-Blätterteig

Zum Bestreichen:
1 Eigelb, 1 1/2 EL Milch

Zum Bestreuen:
10 g Kresse
Kräutersalz
frisch gemahlener Pfeffer
Paprika edelsüß
50 g geraspelter Gouda

Für den Belag:
4 Scheiben gekochter Schinken
500 g Magerquark
1 Becher (150 g) Crème fraîche
75 g geraspelter Gouda
2 EL Schlagsahne
2–3 EL Orangensaft, 1/2 TL Senf
Kräutersalz, Pfeffer
1 Prise Zucker, 10 g Kresse

Zum Garnieren:
20 g Kresse

Für den Teig den Blätterteig nebeneinander abgedeckt bei Zimmertemperatur auftauen lassen. 3 Platten übereinander legen, zu einem Quadrat (28 x 28 cm) ausrollen und auf ein mit Wasser abgespültes Backblech legen. Für die „Wände" 2 Platten jeweils zu einem Rechteck (22 x 10 cm) ausrollen, jeweils in 4 lange Streifen schneiden und ebenfalls auf ein mit Wasser abgespültes Backblech legen. Die Teigplatten mehrmals mit einer Gabel einstechen. Den Teig mit dem mit Milch verschlagenem Eigelb bestreichen, mit den angegebenen Zutaten bestreuen und 20 Minuten ruhen lassen, dann die Bleche nacheinander in den Backofen schieben.

Ober-/Unterhitze: 200–220 °C (vorgeheizt)
Heißluft: 180–200 °C (nicht vorgeheizt)
Gas: etwa Stufe 4 (vorgeheizt)
Backzeit: 10–15 Minuten (für die große Gebäckplatte) und 8–10 Minuten (für die Teigstreifen).

Das Gebäck auf einem Kuchenrost erkalten lassen.

Für den Belag die große Gebäckplatte mit den Schinkenscheiben belegen. Den Quark mit Crème fraîche, Käse, Sahne, Orangensaft und Senf verrühren und mit Kräutersalz, Pfeffer und Zucker abschmecken, die Kresse unterrühren. Die Quarkcreme auf den Schinken streichen. Vier lange Gebäckstreifen um die Creme stellen und die restlichen Gebäckstreifen so zurechtschneiden, daß eine rechteckige Spirale davon gelegt werden kann. Die Gebäckstreifen in die Creme stecken.

Den „Irrgarten" mit Kresse bestreuen.

Pizza Hawaii

Für den Hefeteig:
300 g Weizenmehl
1 Pck. Trockenhefe
175 ml lauwarmes Wasser
1 EL Speiseöl, 1 gestr. TL Salz

Für den Belag:
200–250 g Pizza-Tomaten (Dose)
Salz, Pfeffer
gerebelter Oregano, 1 dicke Zwiebel
200 g gekochter Schinken in Streifen
1 Dose Ananasscheiben
(etwa 500 g Abtropfgewicht)
200 g geraspelter Käse (z. B. Pizza-Käse)
glatte Petersilie

Für den Teig das Mehl in eine Rührschüssel sieben und mit der Hefe sorgfältig vermischen. Die übrigen Zutaten hinzufügen und mit dem Handrührgerät mit Knethaken zunächst kurz auf niedrigster, dann auf höchster Stufe in etwa 5 Minuten zu einem Teig verarbeiten. Den Teig abgedeckt so lange an einem warmen Ort stehen lassen, bis er sich sichtbar vergrößert hat.

Für den Belag die Pizza-Tomaten mit Salz, Pfeffer und Oregano würzen. Die Zwiebel abziehen und in Ringe schneiden. Die Ananasscheiben abtropfen lassen. Den gegangenen Hefeteig nochmals kurz durchkneten und auf einem gefetteten Backblech ausrollen. Den Teig mit den Tomaten bestreichen und mit den Zutaten der Reihenfolge nach belegen. Das Backblech in den Backofen schieben.

Ober-/Unterhitze: 200–220 °C (vorgeheizt)
Heißluft: 180–200 °C (nicht vorgeheizt)
Gas: etwa Stufe 4 (vorgeheizt)
Backzeit: etwa 20 Minuten.

Die Pizza mit Petersilie garnieren.

Käse-Speck-Kuchen

Für den Quark-Öl-Teig:
400 g Weizenvollkornmehl
1 Pck. und 2 gestr. TL Backpulver
6–8 EL Speiseöl
100 ml Milch
1 Ei
¼ TL Meersalz
200 g Magerquark

Für den Belag:
3 Eier
250 ml (¼ l) Schlagsahne
250 g geriebener Gouda Käse
Salz
frisch gemahlener Pfeffer
Paprika edelsüß
300 g geräucherter, durchwachsener Speck in Scheiben

Für den Teig das Mehl in eine Rührschüssel geben und mit dem Backpulver sorgfältig mischen. Die übrigen Zutaten hinzufügen und mit dem Handrührgerät mit Knethaken in etwa 1 Minute verarbeiten. Anschließend auf der Arbeitsfläche zu einer Rolle formen und auf einem gefetteten Backblech ausrollen.

Für den Belag die Eier, Sahne und Käse verrühren, mit Salz, Pfeffer und Paprika würzen und die Masse auf dem Teig verteilen. Die Speckscheiben darüber verteilen und das Backblech in den Backofen schieben.

Ober-/Unterhitze: etwa 200 °C (vorgeheizt)
Heißluft: etwa 180 °C (nicht vorgeheizt)
Gas: Stufe 3–4 (vorgeheizt)
Backzeit: 30–40 Minuten.

Fisch-Gemüse-Kuchen

(Foto)

Für den Knetteig:
250 g Weizenmehl
175 g Butter
1 Becher (150 g) Crème fraîche

Für den Belag:
½–1 Becher (65–125 g) Kräuter Crème fraîche
1 Dose Thunfisch naturell (Abtropfgewicht 150 g)
4–5 Flaschentomaten
1–2 kleine Zucchini, Salz
gerebelter Oregano
frisch gemahlener Pfeffer
150 g Greyerzer Käse
1 schwarze Olive, Kondensmilch
rote Pfefferkörner

Für den Teig das Mehl in eine Rührschüssel sieben. Butter und Crème fraîche hinzufügen und mit dem Handrührgerät mit Knethaken zunächst auf niedrigster, dann auf höchster Stufe gut durcharbeiten. Anschließend auf der Arbeitsfläche zu einem glatten Teig verkneten. Den Teig 30 Minuten kalt stellen, ihn dann auf dem gefetteten Backblech ausrollen. In der Größe des Backblechs nach einer Schablone einen Fisch ausschneiden.

Für den Belag den Teig mit Kräuter Crème fraîche bestreichen und mit dem gut abgetropften, zerpflückten Thunfisch bestreuen. Die Tomaten waschen, von den Zucchini die Stengelansätze abschneiden und waschen. Beides in Scheiben schneiden. Den Fisch schuppenförmig, in Reihen mit dem Gemüse belegen, mit Salz, Pfeffer und Oregano würzen und mit dem Käse bestreuen. Die Olive als Auge in die Gemüsemasse stecken. Aus dem restlichen Teig kleine Fische ausschneiden, mit Kondensmilch bestreichen und als Auge je 1 Pfefferkorn in den Teig drücken. Die Fische auf ein gefettetes, mit Backpapier belegtes Backblech legen.

Ober-/Unterhitze: 200–220 °C (vorgeheizt)
Heißluft: 180–200 °C (nicht vorgeheizt)
Gas: Stufe 3–4 (vorgeheizt)
Backzeit: etwa 25 Minuten (für den großen Fisch), etwa 8 Minuten (für die kleinen Fische).

Bunte Salami-Pizza

Für den Hefeteig:
375 g Weizenmehl
1 Pck. Trockenhefe
1 TL Zucker, 1 gestr. TL Salz
250 ml (¼ l) lauwarmes Wasser
4 EL Speiseöl

Für den Belag:
250 g Zwiebeln, 2 EL Speiseöl
4 EL Tomatenmark, Salz
frisch gemahlener schwarzer Pfeffer
gerebelter Oregano oder
Kräuter der Provence
500 g Tomaten
200 g gedünstete Champignonscheiben
200 g Salamischeiben
250 g Gouda-Käse in Scheiben
3–4 Peperoni (Glas)

Für den Teig das Mehl in eine Rührschüssel sieben und mit der Hefe sorgfältig vermischen. Die übrigen Zutaten hinzufügen und mit dem Handrührgerät mit Knethaken in etwa 5 Minuten zu einem glatten Teig verarbeiten. Den Teig abgedeckt so lange an einem warmen Ort stehen lassen, bis er sich sichtbar vergrößert hat.

Für den Belag die Zwiebeln abziehen, in Würfel schneiden und in dem Speiseöl glasig dünsten. Das Tomatenmark unterrühren und mit den Gewürzen abschmecken. Die Tomaten kurze Zeit in kochendes Wasser legen, kalt abschrecken, enthäuten und in Scheiben schneiden. Den gegangenen Teig durchkneten und auf einem gefetteten Backblech ausrollen. Die Tomaten-Zwiebel-Masse darauf verteilen, dann mit den Tomaten, Champignons, Salami, Käsescheiben und Peperoni belegen. Mit Pfeffer, Oregano oder Kräutern der Provence bestreuen. Den Teig gehen lassen, bis er sich sichtbar vergrößert hat, erst dann das Backblech in den Backofen schieben.

Ober-/Unterhitze: 180–200 °C (vorgeheizt)
Heißluft: 160–180 °C (nicht vorgeheizt)
Gas: Stufe 3–4 (vorgeheizt)
Backzeit: 20–30 Minuten.

Zwiebelkuchen

Für den Hefeteig:
375 g Weizenvollkornmehl
1 Pck. Trockenhefe
1 gestr. TL Salz
1 TL gemahlener Kümmel
1 Ei
150–200 ml lauwarme Milch
50 g zerlassene, abgekühlte Butter

Für den Belag:
600 g Zwiebeln
3 EL Speiseöl
1 Becher (125 g) Crème fraîche
2 EL Milch
2 Eier
Salz
schwarzer Pfeffer
300 g geriebener Gouda

Für den Teig das Vollkornmehl in eine Rührschüssel geben und mit der Hefe sorgfältig vermischen. Die übrigen Zutaten hinzufügen und mit dem Handrührgerät mit Knethaken zunächst auf niedrigster, dann auf höchster Stufe in etwa 5 Minuten zu einem glatten Teig verarbeiten. Den Teig abgedeckt an einem warmen Ort so lange stehen lassen, bis er sich sichtbar vergrößert hat.

Für den Belag die Zwiebeln abziehen, in Ringe schneiden und in dem Öl glasig dünsten, abkühlen lassen. Crème fraîche, Milch und Eier verrühren und mit Salz und Pfeffer abschmecken. Den gegangenen Teig nochmals kurz durchkneten und auf einem gefetteten Backblech ausrollen. Die Zwiebelmasse darauf verteilen, den Käse darüber streuen und den Einguß darüber verteilen. Den Teig nochmals so lange an einem warmen Ort gehen lassen, bis er sich sichtbar vergrößert hat, erst dann das Backblech in den Backofen schieben.

Ober-/Unterhitze: 200–220 °C (vorgeheizt)
Heißluft: 180–200 °C (nicht vorgeheizt)
Gas: Stufe 3–4 (vorgeheizt)
Backzeit: 30–40 Minuten.

Bunter Gemüsekuchen

Für den Knetteig:

200 g Weizenmehl
1 gestr. TL Salz
200 g Magerquark
200 g Butter

Für den Belag:

2 Tomaten
300 g Magerquark
3 Eier
1 Zwiebel
Salz
frisch gemahlener Pfeffer
gerebeltes Basilikum
250 g gekochter Schinken in Scheiben
1 Zucchini
2 Tomaten
je 1 rote, gelbe und grüne Paprikaschote
250 g gedünsteter Broccoli
150 g geriebener Käse

Für den Teig das Mehl in eine Rührschüssel sieben. Salz, Quark und Butter hinzufügen und mit dem Handrührgerät mit Knethaken zunächst kurz auf niedrigster, dann auf höchster Stufe gut durcharbeiten. Anschließend auf der Arbeitsfläche zu einem glatten Teig verkneten, 1 Stunde kalt stellen.

Für den Belag die Tomaten in Scheiben schneiden. Den Quark mit den Eiern und der abgezogenen, feingewürfelten Zwiebel gut verrühren, mit Salz, Pfeffer und Basilikum abschmecken. Den kleingeschnittenen Schinken unterrühren. Den Teig kurz durchkneten und auf einem gefetteten Backblech ausrollen, am Rand etwas hochdrücken. Die Tomatenscheiben darauf verteilen und mit der Quark-Schinken-Masse bestreichen. Die Zucchini waschen, den Stengelansatz abschneiden und in Scheiben schneiden. Die Tomaten waschen und in Scheiben schneiden. Den Stengelansatz aus den Paprika schneiden, die Schoten waschen und in Ringe schneiden, dabei die Kerne und weißen Scheidewände entfernen. Das Gemüse diagonal auf die Quark-Schinken-Masse legen und mit Salz und Pfeffer würzen. Den Käse darüberstreuen und das Backblech in den Backofen schieben.

Ober-/Unterhitze: 180–200 °C (vorgeheizt)
Heißluft: 160–180 °C (nicht vorgeheizt)
Gas: etwa Stufe 4 (vorgeheizt)
Backzeit: 35–40 Minuten.

Käse-Pizza

Für den Hefeteig:
375 g Weizenvollkornmehl
1 Pck. Trockenhefe
1 gestr. TL gemahlener Koriander,
1 TL gem. Kümmel, Salz, 1 Ei
150–200 ml lauwarme Milch
50 g zerlassene, abgekühlte Butter

Für den Belag:
200 g Zwiebeln, 30 g Butter
400 g Fleischtomaten, 4 Peperoni (Glas)
400 g Appenzeller Käse

Für den Guß:
200 g saure Sahne, 200 ml Schlagsahne
3 Eier, 3 EL Weizenvollkornmehl
Salz, Pfeffer, Muskatnuß
1–2 EL Kümmel
1/2–1 EL rote Pfefferkörner

Für den Teig das Vollkornmehl in eine Rührschüssel geben, mit der Hefe vermischen. Die übrigen Zutaten hinzufügen und mit dem Handrührgerät mit Knethaken in etwa 5 Minuten zu einem glatten Teig verarbeiten. Den Teig abgedeckt gehen lassen.

Für den Belag die Zwiebeln abziehen, würfeln und in der Butter glasig dünsten, abkühlen lassen. Die Tomaten waschen, die Stengelansätze herausschneiden, die Tomaten in Scheiben schneiden. Die Peperoni in Scheiben schneiden und dabei entkernen. Den Käse grob würfeln. Den gegangenen Teig kurz durchkneten und auf einem gefetteten Backblech ausrollen. Die Belagzutaten darauf verteilen.

Für den Guß die saure Sahne und Schlagsahne mit den Eiern, Vollkornmehl, Salz, Pfeffer und Muskat gut verrühren und über den Belag gießen. Mit Kümmel und Pfefferkörnern bestreuen. Den Teig nochmals gehen lassen, das Backblech in den Backofen schieben.

Ober-/Unterhitze: 180–200 °C (vorgeheizt)
Heißluft: 160–180 °C (nicht vorgeheizt)
Gas: Stufe 3–4 (vorgeheizt)
Backzeit: etwa 50 Minuten.

Spinat-Pizza

Für den Knetteig:
250 g Weizenmehl
1 gestr. TL Salz, 1 kleines Ei
1–1 1/2 EL kaltes Wasser
125 g kalte Butter in Stückchen

Für den Belag:
1 Knoblauchzehe, 20 g Butter
500 g vorbereiteter Spinat
Salz, Pfeffer, Muskatnuß
1 Ei, 1 EL Schlagsahne
250 g Mozzarella

Für den Teig das Mehl in eine Rührschüssel sieben, die übrigen Zutaten hinzufügen und mit dem Handrührgerät mit Knethaken zunächst kurz auf niedrigster, dann auf höchster Stufe gut durcharbeiten. Anschließend auf der Arbeitsfläche zu einem glatten Teig verkneten. Den Teig abgedeckt 30 Minuten kühl stellen.

Für den Belag die Knoblauchzehe abziehen und hacken. Die Butter zerlassen, den Knoblauch darin andünsten, den gut abgetropften Spinat hinzugeben und zusammenfallen lassen. Den Spinat mit Salz, Pfeffer und Muskat kräftig würzen, abkühlen lassen. Das Ei und die Sahne unterrühren. Den Teig auf einem gefetteten Backblech ausrollen, an den Rändern etwas hochdrücken. Die Spinatmasse darauf verteilen und das Backblech in den Backofen schieben. Nach 15–20 Minuten Backzeit den in Scheiben geschnittenen Mozzarella auf der Spinatmasse verteilen.

Ober-/Unterhitze: etwa 200 °C (vorgeheizt)
Heißluft: etwa 180 °C (nicht vorgeheizt)
Gas: Stufe 3–4 (vorgeheizt)
Backzeit: 25–30 Minuten.

Schwäbischer Zwiebelkuchen

(Foto)

Für den Hefeteig:
375 g Weizenvollkornmehl
1 Pck. Trockenhefe
je 1 gestr. TL Meersalz, Paprika edelsüß und gemahlener Kümmel
1 Ei
150–200 ml lauwarme Milch oder Wasser
50 g zerlassene, abgekühlte Butter

Für den Belag:
1,5 kg Gemüsezwiebeln
1 Knoblauchzehe
3 EL Speiseöl
Salz
frisch gemahlener Pfeffer
gemahlener Rosmarin
1 TL Kümmel
350 g magerer, durchwachsener Speck
200 g mittelalter Gouda
3 Eier
2 EL Crème fraîche oder saure Sahne

Für den Teig das Vollkornmehl in eine Rührschüssel geben und mit der Hefe sorgfältig vermischen. Die übrigen Zutaten hinzufügen und mit dem Handrührgerät mit Knethaken zunächst auf niedrigster, dann auf höchster Stufe in etwa 5 Minuten zu einem glatten Teig verarbeiten. Den Teig abgedeckt an einem warmen Ort so lange stehen lassen, bis er sich sichtbar vergrößert hat.

Für den Belag die Zwiebeln abziehen, vierteln und in Scheiben schneiden. Die Knoblauchzehe abziehen und zerdrücken. Zwiebeln und Knoblauch in dem Öl glasig dünsten, mit Salz, Pfeffer, Rosmarin und Kümmel würzen und etwa 15 Minuten im offenen Topf dünsten, abkühlen lassen. Den durchwachsenen Speck in Würfel

schneiden und den Gouda raspeln. Speck, Gouda, Eier und Crème fraîche oder saure Sahne unter die Zwiebelmasse rühren und mit Salz und Pfeffer abschmecken. Den gegangenen Teig nochmals kurz durchkneten, rechteckig ausrollen und eine gefettete Fettfangschale damit auslegen. Den Teig an den Rändern etwas hochdrücken. Die Zwiebelmasse darauf verteilen. Den Teig nochmals so lange an einem warmen Ort gehen lassen, bis er sich sichtbar vergrößert hat, erst dann das Backblech in den Backofen schieben.

Ober-/Unterhitze: 200–220 °C (vorgeheizt)
Heißluft: 180–200 °C (nicht vorgeheizt)
Gas: Stufe 3–4 (vorgeheizt)
Backzeit: etwa 40 Minuten.

Paprika-Zucchini-Kuchen

Für den Hefeteig:
375 g Weizenmehl
1 Pck. Trockenhefe, 1 TL Zucker
1 gestr. TL Salz, 4 EL Speiseöl
250 ml (¼ l) lauwarmes Wasser

Für den Belag:
200 g passierte Tomaten (Packung)
Salz, Pfeffer
1 TL gerebelter Rosmarin
1 Msp. gemahlener Kreuzkümmel
1 Zucchini, vorbereitet
je 1 rote und gelbe Paprikaschote
3 Zwiebeln, 2 EL Olivenöl
1 Dose (120 g) Sardinen
1 Glas (185 g) schwarze Oliven
250 g geriebener Pizza-Käse

Für den Teig das Mehl in eine Rührschüssel sieben und mit der Hefe vermischen. Die übrigen Zutaten hinzufügen und in etwa 5 Minuten zu einem glatten Teig verarbeiten. Den Teig abgedeckt an einem warmen Ort gehen lassen, bis er sich sichtbar vergrößert hat.

Für den Belag die Tomaten mit Salz, Pfeffer, Rosmarin und Kreuzkümmel verrühren. Die Zucchini in Scheiben schneiden. Die Paprika halbieren, entstielen, entkernen, die weißen Scheidewände entfernen, waschen und in Streifen schneiden. Die Zwiebeln abziehen, in Ringe schneiden. Das Gemüse 5–10 Minuten in dem erhitzten Olivenöl dünsten, mit Salz und Pfeffer würzen, abkühlen lassen. Den gegangenen Teig nochmals durchkneten und auf einem gefetteten Backblech ausrollen. Die Tomatenmischung darauf streichen, das Gemüse darübergeben und mit den abgetropften Sardinen und Oliven belegen. Das Blech in den Backofen schieben. Nach 15–20 Minuten Backzeit den Gemüsekuchen mit dem Käse bestreuen.

Ober-/Unterhitze: 200–220 °C (vorgeheizt)
Heißluft: 180–200 °C (nicht vorgeheizt)
Gas: etwa Stufe 4 (vorgeheizt)
Backzeit: etwa 30 Minuten.

Sauerkraut-Kuchen

Für den Knetteig:
300 g Weizenmehl
1 gestr. TL Salz, 1 Ei
125 g weiche Butter, 2–3 EL Milch

Für den Belag:
600 g Sauerkraut (Dose)
200 g durchwachsener Speck in Scheiben
1 EL Öl, 4 EL Apfelsaft
250 ml (¼ l) Gemüsebrühe
1 EL mittelscharfer Senf
Paprika edelsüß
200 ml Schlagsahne
Salz, Zucker, Cayennepfeffer
1 Bund Schnittlauch, 2 Eier
250 g Tilsiter mit Kümmel in Scheiben

Für den Teig das Mehl in eine Rührschüssel sieben, die übrigen Zutaten hinzufügen und mit dem Handrührgerät mit Knethaken zunächst kurz auf niedrigster, dann auf höchster Stufe gut durcharbeiten. Anschließend auf der Arbeitsfläche zu einem glatten Teig verkneten, den Teig 1 Stunde kalt stellen.

Für den Belag das Sauerkraut abtropfen lassen. Den Speck fein würfeln und im heißen Öl knusprig braten, das Sauerkraut zugeben, mit Apfelsaft und Brühe ablöschen und 5 Minuten abgedeckt dünsten. Mit Senf und Paprikapulver würzen, die Sahne zugeben und offen 3–4 Minuten einkochen lassen. Das Sauerkraut mit Salz, Zucker und Cayennepfeffer abschmecken und erkalten lassen. Den Schnittlauch waschen, fein schneiden und mit den Eiern unter das Sauerkraut rühren. Den Knetteig ausrollen und auf ein gefettetes, leicht bemehltes Backblech legen. Den Teigboden mehrmals mit einer Gabel einstechen und die Sauerkrautmasse darauf verteilen. Den Tilsiter in Stücke rupfen und auf dem Belag verteilen. Das Backblech in den Backofen schieben.

Ober-/Unterhitze: etwa 200 °C (vorgeheizt)
Heißluft: etwa 180 °C (nicht vorgeheizt)
Gas: Stufe 3–4 (vorgeheizt)
Backzeit: 35–40 Minuten.

Gebackene Käseplatte

Für den Knetteig:
300 g Weizenmehl
1 gestr. TL Backpulver, ½ TL Salz
1 Eigelb, 3–4 EL Wasser
25 g geriebener Parmesan
175 g weiche Butter

Für den Belag:
150 g cremiger Blauschimmelkäse
150 g blaue Weintrauben
5 Scheiben Gouda
1 Dose (340 g) Ananasscheiben
200 g Rahm-Camembert
250 g grüne Weintrauben
150 g Schafskäse, 2–3 Kiwis
175 g Schmelzkäse mit Walnußkernen
6 Pfirsichhälften (Dose)

Ober-/Unterhitze: etwa 200 °C (vorgeheizt)
Heißluft: etwa 180 °C (nicht vorgeheizt)
Gas: Stufe 3–4 (vorgeheizt)
Backzeit: etwa 15 Minuten.
Die Gebäckplatte erkalten lassen.

Für den Teig das Mehl mit dem Backpulver mischen, in eine Rührschüssel sieben. Die übrigen Zutaten hinzufügen und mit dem Handrührgerät mit Knethaken zunächst kurz auf niedrigster, dann auf höchster Stufe gut durcharbeiten. Den Teig 30 Minuten kalt stellen.
Den Teig auf einem gefetteten Backblech ausrollen, mehrmals mit einer Gabel einstechen und das Backblech in den Backofen schieben.

Für den Belag den Blauschimmelkäse in Scheiben schneiden. Die blauen Weintrauben waschen, halbieren, entkernen. Die Ananasscheiben abtropfen lassen. Den Camembert in Scheiben schneiden. Die grünen Weintrauben waschen, halbieren, entkernen. Den Schafskäse würfeln, die Kiwis schälen, in Scheiben schneiden. Den Schmelzkäse in dicke Streifen schneiden, die Pfirsichhälften abtropfen lassen. Die Gebäckplatte mit dem Obst belegen, jede Obstsorte mit dem dazugehörigen Käse belegen. Das Backblech in den Backofen schieben.
Backtemperatur: siehe oben.
Backzeit: etwa 15 Minuten.

Exotische Pizza

Für den Knetteig:
250 g Weizenmehl
1 Ei, ½ TL Salz
5 EL Buttermilch
100 g kalte Butter

Für den Belag:
200 g Schweinefilet
3 EL Soja-Sauce
½ TL Rohzucker, Pfeffer
5 Ananasscheiben, 4 kleine Tomaten
1 Chicorée, 2 EL Tomatenmark
2 Frühlingszwiebeln
250 g Käse in dünnen Scheiben

Für den Teig das Mehl in eine Rührschüssel sieben. Die übrigen Zutaten hinzufügen, mit dem Handrührgerät mit Knethaken gut durcharbeiten. Anschließend den Teig zu einem glatten Teig verkneten und 30 Minuten im Kühlschrank ruhen lassen.

Für den Belag das Schweinefilet abspülen, trockentupfen und in kleine Würfel schneiden. Die Soja-Sauce mit Rohzucker und Pfeffer verrühren, das Fleisch kurze Zeit darin marinieren. Die Ananas abtropfen lassen, in Viertel schneiden. Die Tomaten waschen, achteln und den Stengelansatz herausschneiden. Den Chicorée waschen, den Strunk keilförmig ausschneiden, den Chicorée in schmale Ringe schneiden. Das Tomatenmark mit Wasser zu einer streichfähigen Masse verrühren. Den Teig kurz durchkneten, ausrollen, ein gefettetes Pizzablech (Ø etwa 30 cm) damit auslegen, am Rand etwas hochdrücken. Die Tomatenmasse auf den Teig streichen. Die Frühlingszwiebeln putzen, waschen, in Ringe schneiden und darüber streuen. Das Schweinefilet, die Ananasstücke und die Tomatenachtel darauf verteilen und mit dem Chicorée bestreuen. Den Käse in Stücke schneiden, darüber verteilen. Das Backblech in den Backofen schieben.

Ober-/Unterhitze: etwa 200 °C (vorgeheizt)
Heißluft: etwa 180 °C (nicht vorgeheizt)
Gas: Stufe 3–4 (vorgeheizt)
Backzeit: etwa 30 Minuten.

Hessischer Speckkuchen

Für den Hefeteig:
250 g Roggenmehl
125 g Weizenmehl
1 Pck. Trockenhefe
1 TL Zucker, 1 gestr. TL Salz
250 ml (1/4 l) lauwarmes Wasser

Für den Belag:
4 Brötchen (altbacken)
250 g Magerquark
2 Becher (je 150 g) Crème fraîche
3 Eigelb, 1 TL Kümmel
3 EL gehackte Kräuter, Salz
frisch gemahlener Pfeffer
625 g magerer, durchwachsener Speck
3 Eiweiß

Für den Teig das Mehl in eine Rührschüssel sieben und mit der Hefe vermischen. Die übrigen Zutaten hinzufügen, mit dem Handrührgerät mit Knethaken in etwa 5 Minuten zu einem glatten Teig verarbeiten. Den Teig abgedeckt an einem warmen Ort so lange stehen lassen, bis er sich sichtbar vergrößert hat.

Für den Belag die Brötchen in kaltem Wasser einweichen, gut ausdrücken und mit dem Quark, Crème fraîche, Eigelb, Kümmel und Kräutern verrühren. Mit Salz und Pfeffer würzen, den Speck in Würfel schneiden und unterrühren. Das Eiweiß steif schlagen, unterheben und den Belag gleichmäßig auf dem Teig verteilen. Vor den Teig ein mehrfach geknicktes Stück Alufolie legen. Den Teig nochmals gehen lassen, das Backblech in den Backofen schieben.

Ober-/Unterhitze: 200–220 °C (vorgeheizt)
Heißluft: 180–200 °C (nicht vorgeheizt)
Gas: Stufe 4–5 (vorgeheizt)
Backzeit: 30–35 Minuten.

Schinken-Oliven-Pizza

Für den Knetteig:
200 g Weizenmehl
1/2 TL Salz
1 TL Paprika edelsüß
1 Ei
2 EL Wasser
100 g weiche Butter

Für den Belag:
200 g gekochter Schinken
85 g gefüllte, grüne Oliven
200 g geraspelter, mittelalter Gouda

Für den Teig das Mehl in eine Rührschüssel sieben, die übrigen Zutaten hinzufügen und mit dem Handrührgerät mit Knethaken zunächst kurz auf niedrigster, dann auf höchster Stufe gut durcharbeiten. Anschließend auf der Arbeitsfläche zu einem glatten Teig vekneten. Den Teig auf einem gefetteten Backblech ausrollen, mehrmals mit einer Gabel einstechen. Das Backblech in den vorgeheizten Backofen schieben.

Ober-/Unterhitze: etwa 250 °C
Heißluft: etwa 230 °C
Gas: etwa Stufe 5
Backzeit: etwa 5 Minuten.

Für den Belag den Schinken in Streifen und die Oliven in Scheiben schneiden. Schinken, Oliven und Käse nacheinander auf der Gebäckplatte verteilen.

Backtemperatur: siehe oben.
Backzeit: etwa 9 Minuten.

Beilage: Gemischter Salat.

Flammkuchen

Für den Hefeteig:
375 g Weizenmehl
1 Pck. Trockenhefe, 1 TL Zucker
1 ½ TL Salz, 3–4 EL Speiseöl
etwa 250 ml (¼ l) lauwarmes Wasser

Für den Belag:
150 g Schinkenspeck
4 große Zwiebeln
250 g Speisequark (40 %)
250 ml (¼ l) Schlagsahne
gemahlener schwarzer Pfeffer
geriebene Muskatnuß, Salz

Für den Teig das Mehl in eine Rührschüssel sieben, mit der Hefe sorgfältig vermischen. Die übrigen Zutaten hinzufügen, mit dem Handrührgerät mit Knethaken zunächst kurz auf niedrigster, dann auf höchster Stufe in etwa 5 Minuten zu einem glatten Teig verkneten. Den Teig abgedeckt an einem warmen Ort so lange stehen lassen, bis er sich sichtbar vergrößert hat.

Für den Belag den Schinkenspeck fein würfeln, ausbraten und auf Küchenpapier zum Abtropfen geben. Die Zwiebeln abziehen, in Ringe schneiden und in dem Speckfett kurz dünsten, erkalten lassen. Den Quark und die Sahne verrühren und mit den Gewürzen abschmecken. Den gegangenen Teig nochmals kurz durchkneten, halbieren und jede Teighälfte 2–3 mm dick zu einer ovalen, großen Platte ausrollen und jeweils auf ein gefettetes Backblech legen. Die Quarkmasse darauf streichen, dann mit den Zwiebeln und Speckwürfeln bestreuen, backen.

Ober-/Unterhitze: etwa 250 °C (vorgeheizt)
Heißluft: etwa 220 °C (nicht vorgeheizt)
Gas: Stufe 4–5 (vorgeheizt)
Backzeit: etwa 12 Minuten.

Ratgeber

Zubereitung Hefeteig

1. Im Handel ist Trockenhefe und Frischhefe erhältlich. Das Backen mit Trockenhefe erfordert keine besonderen Vorarbeiten. Die Hefe wird sofort aus dem Päckchen ins gesiebte Mehl gestreut und mit dem Mehl sorgfältig vermischt.

2. Alle übrigen im Rezept angegebenen Zutaten zu dem Mehl geben. Nur in Gegenwart von Wärme entfaltet Hefe ihre volle Triebkraft – vor allem die Flüssigkeit (Milch oder Wasser) – sollte etwa 37 °C haben.

3. Die Zutaten zunächst mit dem Handrührgerät mit Knethaken kurz auf niedrigster, dann auf höchster Stufe 3 – 5 Minuten verarbeiten. Der Teig muß glatt sein. Das Kneten des Hefeteiges bewirkt eine besonders gute Verbindung aller Zutaten untereinander unter Einschlagen von Luft. Die Hefe wandelt dabei Zucker und Mehl (Stärke) als Kohlenhydrate in Kohlensäure und Alkohol um und bewirkt dadurch eine Lockerung des Teiges.

4. Bei der Zubereitung mit Frischhefe, die zerbröckelte Hefe zusammen mit etwas Zucker (Honig) und lauwarmer Milch anrühren und in die Vertiefung des Mehls geben. Nur in Gegenwart von Wärme entfaltet die Hefe ihre volle Triebkraft – die Milch sollte etwa handwarm sein, also etwa 37 °C haben.

5. Die übrigen Zutaten dürfen erst bei der Teigverarbeitung selbst mit der Hefe in Berührung kommen, vor allem Salz und Fett, denn sie würden die Tätigkeit der Hefe hemmen. Deshalb sollten diese Zutaten an den Rand der Schüssel gegeben werden und erst nachdem die Hefe mit dem Mehl vermischt ist, untergerührt werden. Am schnellsten kann sie Zucker verarbeiten, während sie Mehl (Stärke) abbauen muß.

6. Den Teig abgedeckt (mit Geschirrtuch) an einem warmen Ort so lange stehen lassen, bis er sich sichtbar vergrößert hat, z. B. in dem Gas- oder Elektroherd. Dafür den Gasherd auf Stufe 8 drei Minuten vorheizen, dann die Flamme ausdrehen. Den Elektroherd auf 50 °C einschalten. Die Tür der Herde immer einen Spalt offen lassen, in dem z. B. ein Kochlöffel dazwischen gestellt wird.

Zubereitung Knetteig

Notwendige Vorarbeiten

Das Fett muß bei der Verarbeitung mit einem Handrührgerät oder mit einer Küchenmaschine weich (streichfähig) sein.

1. Mehl und Backpulver mischen und in eine Rührschüssel sieben. Mischen und sieben lockern das Mehl auf und verteilen das Backpulver gleichmäßig im Mehl. Ist außerdem Kakao angegeben, ihn zum Mehl geben. Bei Verwendung von Vollkornmehl das Mehl und Backpulver in einer Schüssel nur mischen. Alle übrigen im Rezept aufgeführten Zutaten hinzufügen. Eier immer vor der Zugabe einzeln in eine Tasse aufschlagen und prüfen, ob sie frisch sind. Falls Flüssigkeit vorgeschrieben ist, sie auf den Zucker (Honig) geben. Das Fett (Butter oder Margarine) soll weich (streichfähig) sein. Nur so lassen sich die Zutaten gut verarbeiten. Mehr Mehl, als im Rezept angegeben, darf bei fettreichen Teigen nicht genommen werden, da der Teig dadurch krümelig und das Gebäck hart wird. Sind Früchte vorgeschrieben, sie zuletzt unterkneten.

2. Die Zutaten mit dem Handrührgerät mit Knethaken auf niedrigster Stufe kurz, dann auf höchster Stufe gut durcharbeiten.

3. Anschließend mit den Händen auf der Arbeitsfläche zu einem glatten Teig verarbeiten. Nicht zu viel Mehl auf die Arbeitsfläche sieben, damit der Teig nicht brüchig wird. Den Teig mit geschlossenen flachen Händen schnell verkneten.

4. Diesen zu einer Rolle formen. Sollte der Teig kleben, ihn eine Zeitlang kalt stellen oder noch etwas Mehl hinzugeben. Damit sich der Teig besser ausrollen läßt, ihn zu einer Rolle formen. Das Kleben fettreicher Teige wird durch Kaltstellen beseitigt. An Teige mit Wasser oder Milch noch etwas Mehl geben. Bevor der Teig ausgerollt wird, die Arbeitsfläche von Teigresten reinigen und sie gleichmäßig bemehlen.

5. Beim Ausrollen des Teiges muß sich die Teigrolle drehen und weich über den Teig gehen (nicht zu stark drücken). Während des Ausrollens ab und zu mit einem großen Messer unter dem Teig herstreichen, damit er sofort gelöst wird, wenn er irgendwo kleben sollte.

Mehltypen

Mehl

Die Verarbeitung des Getreidekorns zum Endprodukt Mehl ist ein langer und aufwendiger Weg. Der Mahlprozeß des gereinigten und gelagerten Getreides erfordert bis zu 20 Mahlvorgänge. Es beginnt mit dem Zerkleinern des Korns auf Walzen zu Schrot. Durch Absieben entfernt man Kleie und Keimling. Durch weiteres Sieben werden die verschieden großen Mehlkörperteilchen nach ihrer Größe getrennt. Erneutes Zerkleinern während der folgenden Mahlstufen ergibt Grieß (je nach Weizensorte Hartweizen- oder Weichweizengrieß). Die nächste Ausmahlungsstufe nennt man Dunst, im Handel als besonders feinkörniges, griffiges Mehl bekannt. Danach erfolgt die letzte Ausmahlung zu dem meistverbreitesten, feinen, weißen Mehl der Type 405. Dieses Mehl enthält nur noch wenig Anteile der Randschichten des Getreidekorns. Weizenvollkornmehl und Mehle mit einer höheren Typenzahl (z.B. Type 1050) werden in einer der vielen Zwischenstufen gewonnen. Weizenvollkornmehl besteht aus dem ganzen Korn, also auch aus den Randschichten und dem Keimling. Die Mehle mit einer höheren Typenzahl enthalten dementsprechend auch höhere Anteile an Randschichten des Korns. Unterschiedliche Anteile an Randschichten erkennt man auch an der Farbe des Mehls besonders deutlich. Vollkornmehle sind dunkler als Auszugsmehle.

Weizenauszugsmehl der Type 405 (1)

Diese feine, hellste Mehlsorte ist das Universal-Haushaltsmehl für alle Anwendungsbereiche und wird deshalb mit großem Abstand am häufigsten verwendet. Die Weizenmehltype 405 hat eine besonders hohe Backfähigkeit, da der Anteil der im Inneren des Mehlkörpers enthaltenen Eiweißstoffe besonders groß ist. Die Eiweißstoffe quellen beim Backen in der Feuchtigkeit des Teiges: Er erhält eine gute Festigkeit und Stabilität, wird zart und feinporig.

Dunst oder doppelgriffiges Mehl (2)

Dies ist ein besonders feinkörniges, griffiges Mehl, das die Verarbeitung von schwierigen Teigen deutlich vereinfacht. Hefegebäcke gehen besser auf und Strudelteige werden lockerer.

Dunkles Weizenmehl Type 1050 (3)

Es enthält einen besonders hohen Anteil an Randschichten des Weizenkornes und ist deshalb reich an wertvollen Mineralstoffen, Vitaminen und Ballaststoffen. Durch die hervorragenden Backeigenschaften eignet es sich für Brot und viele andere Gebäckarten mit herzhaft kräftigem Geschmack.

Weizen-Vollkornmehl (4)

Es wird aus hochwertigen, kräftigen Weizenkörnern mit der Schale gemahlen. Der hohe Schalenanteil läßt dem Mehl seinen vollen Geschmack, was es besonders wertvoll für eine gesunde Ernährung macht, und gibt ihm eine angenehm braune Farbe.

Mehltypen

Weichweizengrieß (5)
Er ist sehr feinkörnig, schalenfrei und wird aus Weichweizen ermahlen.

Hartweizengrieß (6)
Er ist kernig, hart und herzhaft im Geschmack und wird ausschließlich aus dem hochwertigen, goldgelben Durum-Weizen gemahlen. Hartweizengrieß eignet sich besonders gut für Aufläufe, Klöße und Suppeneinlagen.

Roggenmehl Type 997 (7)
Dieses dunkle, kräftige Mehl ist voller wertvoller Mineralstoffe. Es enthält verdauungsfördernde Ballaststoffe und höherwertiges Eiweiß als die meisten anderen Getreidearten. Zusammen mit seinem herzhaften Geschmack wird es damit zum idealen Brotmehl.

Roggenmehl Type 1150 (ohne Abb.)
Roggenmehl dieser Type kann einen Ausmahlungsgrad bis zu 90% haben und wird auch für die Brotherstellung eingesetzt.

Roggenvollkornschrot Type 1800 (8)
Dies ist ein aus dem ganzen Korn bestehendes Mahlprodukt. Je nach Korngröße unterscheidet man zwischen Grob- und Feinschrot. Roggenvollkornschrot wird vor allem in der Brotherstellung verwendet.

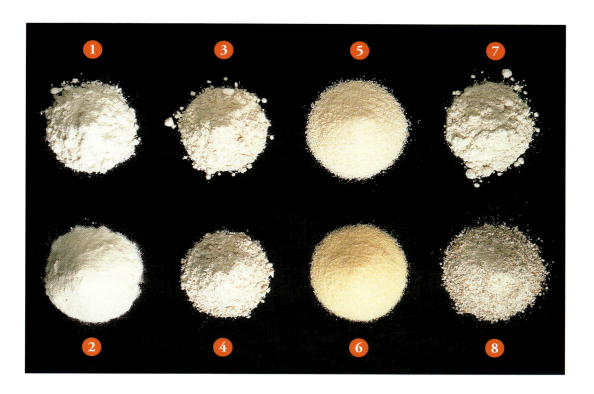

Kapitelregister

Blechkuchen mit Obst

Apfel-Beeren-Kuchen 22
Apfelkuchen mit Streuseln 29
Aprikosenkuchen 11
Aprikosen-Mandel-Schnitten 10
Aprikosen-Streusel-Kuchen 33
Brombeer-Schnitten 13
Bunte Obst-Variationen 24
Donau-Wellen 30
Fruchtiger Mohnkuchen 27
Fruchtiger Mohn-Quark-Kuchen 28
Fruchtiges Gebirge 20
Kirschkuchen mit Rahmguß 17
Pfirsich-Sekt-Schnitten 18
Pflaumenkuchen 14
Pflaumenkuchen mit Streuseln 23
Sauerkirschkuchen 21
Stachelbeerkuchen mit Baiser 32
Thüringer Rupfkuchen 26
Würziger Apfelkuchen 12
Zwetschenkuchen 30
Zwetschenkuchen, einmal anders 14
Zwetschenkuchen mit Nußfüllung 16

Blechkuchen gefüllt oder mit Belag

Becherkuchen 60
Bienenstich 36
Butterkuchen 39
Butterkuchen, einmal anders 55
Eierschecke 60
Englische Teeschnitten 40
Fruchtlebkuchen 62
Holländischer Spekulatius 37
Holsteiner Weihnachtskuchen 51
Honigkuchen 45
Joghurt-Zitronen-Kuchen 50
Kaffeeschnitten 52
Kernige Pausenriegel 46
Kokos-Butterkuchen 47
Kokoskuchen 63

Luisenkuchen 48
Nußecken 58
Nuß-Rum-Schnitten 54
Preußischer Zimtkuchen 38
Propheten-Kuchen 40
Raspelkuchen 43
Schatzinsel 52
Schwäbischer Kartoffelkuchen 59
Streuselkuchen 42
Thüringer Mohnkuchen 44
Thüringer Streuselkuchen 56

Blechkuchen würzig und pikant

Bunte Salami-Pizza 76
Bunter Gemüsekuchen 78
Bunter Hackfleisch-Kuchen 68
Exotische Pizza 85
Fisch-Gemüse-Kuchen 74
Flammkuchen 87
Gebackene Käseplatte 84
Hessischer Speckkuchen 86
Käse-Pizza 79
Käse-Speck-Kuchen 74
Kräuter-Irrgarten 72
Maiskuchen 67
Paprika-Zucchini-Kuchen 82
Pizza Hawaii 73
Pizza Napoli 69
Sauerkraut-Kuchen 83
Schinken-Oliven-Pizza 86
Schwäbischer Zwiebelkuchen 80
Spanischer Gemüsekuchen 70
Spargelkuchen 66
Spinat-Pizza 80
Zwiebelkuchen 77

Ratgeber

Zubereitung Hefeteig 90
Zubereitung Knetteig 91
Mehltypen 92

Alphabetisches Register

Apfel-Beeren-Kuchen 22
Apfelkuchen mit Streuseln 29
Apfelkuchen, würziger 12
Aprikosenkuchen 11
Aprikosen-Mandel-Schnitten 10
Aprikosen-Streusel-Kuchen 33

Becherkuchen 60
Bienenstich 36
Brombeer-Schnitten 13
Bunte Obst-Variationen 24
Bunte Salami-Pizza 76
Bunter Gemüsekuchen 78
Bunter Hackfleisch-Kuchen 68
Butterkuchen 39
Butterkuchen, einmal anders 55

Donau-Wellen 30

Eierschecke 60
Englische Teeschnitten 40
Exotische Pizza 85

Fisch-Gemüse-Kuchen 74
Flammkuchen 87
Fruchtiger Mohnkuchen 27
Fruchtiger Mohn-Quark-Kuchen 28
Fruchtiges Gebirge 20
Fruchtlebkuchen 62

Gebackene Käseplatte 84
Gemüsekuchen, Spanischer 70

Hackfleisch-Kuchen, bunter 68
Hessischer Speckkuchen 86
Holländischer Spekulatius 37
Holsteiner Weihnachtskuchen 51
Honigkuchen 45

Joghurt-Zitronen-Kuchen 50

Kaffeeschnitten 52
Kartoffelkuchen, Schwäbischer 59
Käse-Pizza 79
Käseplatte, gebackene 84
Käse-Speck-Kuchen 74
Kernige Pausenriegel 46
Kirschkuchen mit Rahmguß 17
Kokos-Butterkuchen 47
Kokoskuchen 63
Kräuter-Irrgarten 72

Luisenkuchen 48

Maiskuchen 67
Mohn-Quark-Kuchen, fruchtiger 28
Mohnkuchen, fruchtiger 27
Mohnkuchen, Thüringer 44

Nußecken 58
Nuß-Rum-Schnitten 54

Obstvariationen, bunte 24

Paprika-Zucchini-Kuchen 82
Pausenriegel, kernige 46
Pfirsich-Sekt-Schnitten 18
Pflaumenkuchen 14
Pflaumenkuchen mit Streuseln 23
Pizza, exotische 85
Pizza Hawaii 73
Pizza Napoli 69
Preußischer Zimtkuchen 38
Propheten-Kuchen 40

Raspelkuchen 43
Rupfkuchen, Thüringer 26

Salami-Pizza, bunte 76
Sauerkirschkuchen 21
Sauerkraut-Kuchen 83
Schatzinsel 52
Schinken-Oliven-Pizza 86
Schwäbischer Kartoffelkuchen 59
Schwäbischer Zwiebelkuchen 80
Spanischer Gemüsekuchen 70
Spargelkuchen 66
Spekulatius, Holländischer 37
Spinat-Pizza 80
Stachelbeerkuchen mit Baiser 32
Streuselkuchen 42
Streuselkuchen, Thüringer 56

Teeschnitten, Englische 40
Thüringer Mohnkuchen 44
Thüringer Rupfkuchen 26
Thüringer Streuselkuchen 56

Weihnachtskuchen, Holsteiner 51
Würziger Apfelkuchen 12

Zimtkuchen, Preußischer 38
Zwetschenkuchen 30
Zwetschenkuchen, einmal anders 14
Zwetschenkuchen mit Nußfüllung 16
Zwiebelkuchen 77
Zwiebelkuchen, Schwäbischer 80

Herausgeber:	Genehmigte Lizenzausgabe für Weltbild Verlag GmbH, Augsburg, 1998
Copyright:	© 1998 by Ceres Verlag Rudolf August Oetker KG, Bielefeld
Projektleitung:	Gisela Knutzen
Gestaltung:	Kontur Design, Bielefeld
Kapitel- und Ratgebertexte:	Gisela Knutzen, Annette Elges
Redaktion:	Annette Elges, Isabel Gromzik, Jasmin Gromzik, Gisela Knutzen
Titelfoto: Kameraassistenz: Foodstyling:	Bernd Lippert, Bielefeld Frank Guszahn, Bielefeld Annette Elges, Bielefeld
Innenfotos:	Axel Springer Verlag, Hamburg Fotostudio Büttner CMA, Bonn Ketchum PR, München Kramp & Gölling, Hamburg Christiane Pries, Borgholzhausen Fotostudio Toelle, Bielefeld Brigitte Wegner, Bielefeld Arnold Zabert, Hamburg
Satz:	Typografika, Bielefeld
Reproduktion:	Omniascanners, Mailand
Herstellung:	Mohndruck, Gütersloh

Die Autoren haben dieses Buch nach bestem
Wissen und Gewissen erarbeitet. Alle Rezepte,
Tips und Ratschläge sind mit Sorgfalt ausgewählt
und geprüft. Eine Haftung des Verlages und
seiner Beauftragten für alle erdenklichen Schäden
an Personen, Sach- und Vermögensgegenständen
ist ausgeschlossen.

Nachdruck, auch auszugsweise, nur mit unserer
ausdrücklichen Genehmigung und mit
Quellenangabe gestattet.

Printed in Germany

ISBN 3-89604-267-X